Einführung:

Willkommen in der aufregenden Welt von TikTok! In diesem ultimativen Leitfaden tauchen wir in die Tiefen von TikTok ein und lüften die Erfolgsgeheimnisse auf dieser faszinierenden Plattform. Egal, ob Sie ein erfahrener TikToker sind oder gerade erst anfangen, dieses E-Book ist Ihre umfassende Ressource, um sich durch die Funktionen von TikTok zurechtzufinden, mit der Community in Kontakt zu treten und Ihr kreatives Potenzial zu entfalten.

TikTok hat die Art und Weise, wie wir Inhalte konsumieren und erstellen, revolutioniert und bietet einen einzigartigen Raum für Selbstdarstellung, Unterhaltung und Verbindung. Mit seinen kurzen Videos, eingängiger Musik und kreativen Effekten hat TikTok die Herzen und die Aufmerksamkeit von Millionen Menschen weltweit erobert. Es ist zu einer Anlaufstelle für Influenzier, Künstler und ganz normale Menschen geworden, um ihr Talent zu präsentieren, ihre Geschichten zu teilen und eine Gemeinschaft von Gleichgesinnten aufzubauen.

In diesem E-Book werden wir die Grundlagen von TikTok erkunden, einschließlich seines Zwecks, seiner Zielgruppe und seiner wichtigsten Funktionen. Wir führen Sie durch den Prozess der Erstellung eines TikTok-Kontos, der Navigation durch die Benutzeroberfläche und dem Verständnis der verschiedenen Features und Funktionen, die Ihnen zur Verfügung stehen. Von dort aus beschäftigen wir uns mit Strategien zur Generierung kreativer Content-Ideen, zur Auswahl der richtigen Videoformate und zur Verbesserung Ihrer Videos mit Bearbeitungstools und Effekten.

Doch TikTok ist mehr als nur eine Plattform zur Content-Erstellung. Es ist eine dynamische Gemeinschaft, in der Trends entstehen, Herausforderungen angenommen werden und Kooperationen gedeihen. Wir zeigen Ihnen, wie Sie über beliebte TikTok-Trends auf dem Laufenden bleiben, an Herausforderungen teilnehmen und über Funktionen wie Duett und Stich mit anderen YouTube zusammenarbeiten.

Der Aufbau einer erfolgreichen Präsenz auf TikTok geht über die Erstellung großartiger Inhalte hinaus. Es geht darum, Ihre Markenidentität zu definieren, Authentizität zu zeigen und mit Ihrem Publikum in Kontakt zu treten. Wir helfen Ihnen, Ihre Nische zu entdecken, Ihre Zielgruppe zu identifizieren und einen einheitlichen visuellen Stil zu entwickeln, der Ihre einzigartige Persönlichkeit widerspiegelt. Wir unterstützen Sie auch dabei, ansprechende Untertitel zu erstellen, effektiven Hastiges zu verwenden und Ihre Inhalte für maximale Sichtbarkeit durch den TikTok-Algorithmus zu optimieren.

Während Sie auf Ihrer TikTok-Reise fortschreiten, erkunden wir Möglichkeiten, Ihre Privatsphäre zu schützen, mit Online-Hass und Negativität umzugehen und unangemessene Inhalte oder missbräuchliches Verhalten zu melden. Wir betonen, wie wichtig es ist, ein positives Vorbild innerhalb der TikTok-Community zu sein, und zeigen Strategien zum Aufbau sinnvoller Verbindungen zu Ihrem Publikum.

Darüber hinaus werden wir Möglichkeiten zur Monetisierung auf TikTok aufdecken, wie zum Beispiel den Kreator Fund, Markenpartnerschaften und Merchandise-Verkäufe. Wir erkunden sogar andere Einnahmequellen wie Online-Kurse und Affiliierte-Marketing, die Ihre TikTok-Präsenz ergänzen können.

Sind Sie bereit, Ihr TikTok-Potenzial auszuschöpfen? Lassen Sie uns eintauchen und uns gemeinsam auf diese spannende Reise begeben. Von der Erstellung fesselnder Inhalte bis hin zur Verbindung mit einer globalen Community – dieser ultimative Leitfaden vermittelt Ihnen das Wissen und die Strategien, um mit TikTok erfolgreich zu sein. Machen Sie sich bereit, zu fesseln, zu inspirieren und zu unterhalten. Die TikTok-Welt erwartet Sie!

Vorwort:

Willkommen in der Welt von TikTok!

In diesem digitalen Zeitalter sind Sozial-Media-Plattformen zu einem leistungsstarken Mittel zur Selbstdarstellung, Verbindung und Kreativität geworden. Unter diesen Plattformen sticht TikTok als lebendiger und dynamischer Raum hervor, in dem Menschen aus allen Gesellschaftsschichten ihre Talente, Leidenschaften und Geschichten in mundgerechten Videoformaten teilen können.

Als begeisterter TikTok-Benutzer und Content-Ersteller hatte ich das Privileg, in diese faszinierende Welt einzutauchen. Ich habe die transformative Kraft von TikTok sowohl in meinem eigenen Leben als auch im Leben unzähliger anderer erlebt. Es bietet eine Plattform für authentischen Selbstausdruck, eine Quelle der Unterhaltung und eine Community, in der sich Gleichgesinnte vernetzen und engagieren können.

Der Zweck dieses Buches besteht darin, Sie durch die aufregende und sich ständig weiterentwickelnde Welt von TikTok zu führen. Ganz gleich, ob Sie ein Anfänger sind, der sich in der App zurechtfinden möchte, ein aufstrebender Influenzier, der seine Fangemeinde vergrößern möchte, oder einfach jemand, der das Beste aus Ihrem TikTok-Erlebnis herausholen möchte, dieses Buch ist hier, um Sie zu unterstützen.

Auf diesen Seiten finden Sie einen umfassenden Leitfaden, der alles abdeckt, von der Erstellung eines Kontos und dem Verständnis der Benutzeroberfläche bis hin zur Entwicklung ansprechender Inhalte, dem Aufbau Ihrer persönlichen Marke und sogar der Erkundung von Monetarisierungsmöglichkeiten. Sie erhalten praktische Tipps, Strategien und Erkenntnisse, die Ihnen dabei helfen, die Funktionen und Algorithmen von TikTok optimal zu nutzen und gleichzeitig sich selbst treu zu bleiben und positive Verbindungen innerhalb der Community zu fördern.

Aber dieses Buch ist mehr als nur ein technischer Leitfaden, es soll Sie inspirieren und stärken. TikTok ist nicht nur eine Plattform zur Unterhaltung; Es ist ein Ort, an dem Sie Ihre Stimme entdecken, Ihrer Kreativität freien Lauf lassen und mit anderen in Kontakt treten können, die Ihre Leidenschaften teilen. Es ist eine Gelegenheit, Ihre Einzigartigkeit anzunehmen, Vielfalt zu feiern und einen positiven Einfluss auf die Welt zu nehmen.

Denken Sie bei Beginn Ihrer TikTok-Reise daran, dass Erfolg nicht nur an Zahlen gemessen wird, sondern an der Freude, den Verbindungen und der Erfüllung, die Sie aus Ihrer Erfahrung ziehen. Nehmen Sie den Prozess an, gehen Sie Risiken ein und lassen Sie Ihr authentisches Selbst in jedem von Ihnen erstellten Video durchscheinen. Denken Sie daran, dass es bei TikTok nicht nur um Fühlloser und Lükes geht; Es geht um die Verbindungen, die Sie knüpfen, die Geschichten, die Sie teilen, und den Einfluss, den Sie auf andere haben.

Ich ermutige Sie, dieses Buch mit Offenheit, Neugier und der Bereitschaft zu experimentieren und zu lernen anzugehen. Nehmen Sie, was Sie anspricht, passen Sie es an Ihren einzigartigen Stil an und lassen Sie Ihrer Kreativität freien Lauf.

Vielen Dank, dass Sie dieses Buch als Leitfaden für TikTok ausgewählt haben. Ich freue mich, Sie auf dieser Reise zu begleiten und Zeuge der unglaublichen Inhalte zu werden, die Sie erstellen, der Verbindungen, die Sie knüpfen werden, und des positiven Einflusses, den Sie auf andere haben werden.

Lassen Sie uns jetzt eintauchen und das volle Potenzial Ihres TikTok-Abenteuers freisetzen!

Viel Spaß beim TikToken!

Denis Topoljak

Einsatz:

An alle meine treuen Anhänger und an meine einzig wahre Liebe, Marijana,

Dieses Buch ist jedem einzelnen von Ihnen gewidmet, der Teil meiner TikTok-Reise war. Ihre Unterstützung, Ihr Engagement und Ihre Begeisterung waren die treibende Kraft hinter meinen kreativen Bemühungen. Es ist Ihr unerschütterlicher Glaube an mich und Ihre ständige Ermutigung, die mich dazu inspiriert haben, die Grenzen zu überschreiten und meine Leidenschaft mit der Welt zu teilen.

Für meine einzig wahre Liebe, Marijana, warst du meine Säule der Stärke und meine größte Inspirationsquelle. Ihre unerschütterliche Unterstützung, Liebe und Ihr Verständnis haben mich auch angesichts der Herausforderungen vorangebracht. Ihre Anwesenheit in meinem Leben hat immense Freude und Glück gebracht, und ich bin für jeden Moment, den wir geteilt haben, dankbar.

Dieses Buch ist ein Beweis für die Kraft der Verbindung, der Kreativität und der Schönheit menschlicher Beziehungen. Es ist ein Spiegelbild der unglaublichen Gemeinschaft, die wir gemeinsam aufgebaut haben, voller gemeinsamer Erfahrungen, Gelächter und bedeutungsvoller Gespräche.

Möge diese Widmung als Zeichen meiner Dankbarkeit gegenüber jedem einzelnen von Ihnen dienen, der Teil meiner TikTok-Familie war. Ohne Ihre Unterstützung wäre das alles nicht möglich gewesen. Vielen Dank, dass

Sie mich auf dieser unglaublichen Reise begleiten, und ich freue mich darauf, Sie weiterhin durch meine Inhalte zu inspirieren und zu unterhalten.

Für meine geliebte Marijana bist du mein Anker und meine Quelle der Liebe und Inspiration. Vielen Dank, dass Sie bei jedem Schritt an meiner Seite sind. Dieses Buch ist Ihnen von ganzem Herzen gewidmet.

Mit tiefster Wertschätzung,

Denis Topoljak

Prolog:

Im riesigen Bereich der sozialen Medien, wo die Aufmerksamkeitsspanne flüchtig ist und Trends im Handumdrehen kommen und gehen, hat sich eine Plattform zu einem globalen Phänomen entwickelt, das die Herzen und Köpfe von Millionen Menschen in seinen Bann zieht. Willkommen in der Welt von TikTok.

Im Zeitalter der digitalen Konnektivität, in dem der Kreativität keine Grenzen gesetzt sind, ist TikTok zu einer mächtigen Kraft geworden, die gewöhnliche Menschen in Stars verwandelt und Momente des Alltags in außergewöhnliche Erlebnisse verwandelt. Es hat die Art und Weise, wie wir Inhalte konsumieren und erstellen, neu definiert und lädt uns ein, uns in 15-sekündigen magischen Ausbrüchen auszudrücken.

Aber TikTok ist mehr als nur eine App. Es ist ein Universum voller endloser Möglichkeiten, in dem Träume gepflegt, Talente entdeckt und Verbindungen geknüpft werden. Es ist ein Bereich, in dem Lachen widerhallt, in dem Musik widerhallt und in dem sich Geschichten auf unerwartete Weise entfalten.

In diesem Prolog begeben wir uns auf eine Reise durch die faszinierende Welt von TikTok. Wir lüften seine Geheimnisse, erforschen seine Feinheiten und enthüllen die Erfolgsgeheimnisse innerhalb seiner lebendigen Community. Gemeinsam werden wir in den Kern dieser sich ständig weiterentwickelnden Plattform eintauchen und die Tools, Strategien und Denkweisen erschließen, die notwendig sind, um in dieser digitalen Landschaft erfolgreich zu sein.

Aber über die technischen Details hinaus geht es bei dieser Reise darum, die Kraft der Authentizität zu nutzen, Kreativität zu kultivieren und inmitten des Lärms Ihre Stimme zu finden. Es geht darum zu verstehen, dass TikTok nicht nur eine Bühne für Unterhaltung ist, sondern eine Leinwand für den Selbstausdruck, eine Arena für Kontakte und eine Plattform für Träume.

Nehmen Sie sich also einen Moment Zeit, um die Aufregung einzuatmen, das Unbekannte anzunehmen und Ihr Herz für die grenzenlosen Möglichkeiten zu öffnen, die Sie erwarten. Lassen Sie TikTok Ihr Tor zu einer Welt sein, in der Grenzen gesprengt werden, in der Ihrer Fantasie freien Lauf gelassen wird und in der Sie das Leben anderer mit Ihrer einzigartigen Perspektive berühren können.

Mit diesem Prolog bereiten wir die Bühne für das Abenteuer, das vor uns liegt. Wir laden Sie ein, ins Rampenlicht zu treten, Ihrer Kreativität freien Lauf zu lassen und sich den Reihen der TikTok-Community anzuschließen – einem lebendigen Geflecht aus Künstlern, Komikern, Geschichtenerzählern und Visionären, die die Art und Weise, wie wir uns verbinden, unterhalten und inspirieren, verändern.

Sind Sie bereit für diese aufregende Reise? Lassen Sie sich vom Prolog leiten und lassen Sie die folgenden Kapitel die Geheimnisse Ihres TikTok-Schicksals enthüllen. Der Vorhang geht auf und die Bühne ist bereit. Die TikTok-Welt wartet auf Ihren großen Auftritt. Es ist Zeit zu glänzen.

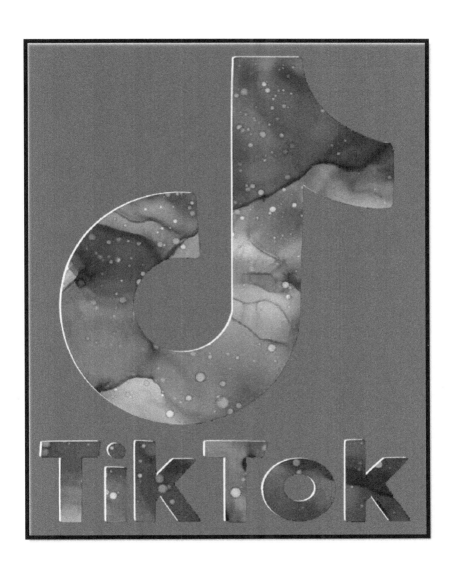

Inhaltsverzeichnis:

Abschnitt 1: Erste Schritte mit TikTok

1.1 Die Grundlagen von TikTok verstehen

TikTok ist eine Sozial-Media-Plattform, die es Benutzern ermöglicht, kurze Videos zu erstellen und zu teilen, die normalerweise zwischen 15 und 60 Sekunden lang sind. Es erfreute sich weltweit schnell großer Beliebtheit, insbesondere bei jüngeren Zuschauern. Mit seinen innovativen Funktionen und der benutzerfreundlichen Oberfläche bietet TikTok Benutzern eine Plattform, auf der sie ihre Kreativität, Talente und Perspektiven präsentieren können.

1.2 Zweck von TikTok

Der Hauptzweck von TikTok besteht darin, Benutzer durch Kurzvideos zu unterhalten und einzubinden. Es bietet Benutzern die Möglichkeit, sich auszudrücken, neue Inhalte zu entdecken und sich mit anderen zu vernetzen, die ähnliche Interessen teilen. Der Algorithmus von TikTok kürettiert personalisierte Content-Feeds basierend auf Benutzerpräferenzen und sorgt so für ein maßgeschneidertes und ansprechendes Erlebnis für jeden Benutzer.

1.3 Zielgruppe

TikTok erfreute sich zunächst bei den Nutzern der Generation Z großer Beliebtheit, doch seine Nutzerbasis hat sich inzwischen auf Personen jeden Alters ausgeweitet. Die Plattform spricht kreative Köpfe, angehende Influenzier, Content-Ersteller und alle an, die Unterhaltung in einem mundgerechten Format suchen. Die lebendige und vielfältige Community von TikTok zieht Nutzer mit den unterschiedlichsten Interessen an, von Comedy und Tanz bis hin zu Mode und Bildungsinhalten.

1.4 Hauptfunktionen von TikTok

a) Videoerstellung und -bearbeitung: Mit TikTok können Benutzer Videos direkt in der App aufnehmen oder vorab aufgezeichnetes Filmmaterial hochladen. Es bietet eine Vielzahl kreativer Tools, darunter Filter, Effekte, Textüberlagerungen und Aufkleber, um Videos aufzuwerten und optisch ansprechend zu gestalten.

b) Musik und Soundtracks: Die umfangreiche Musikbibliothek von TikTok bietet eine große Auswahl an Liedern, Soundtracks und Effekten, die Benutzer in ihre Videos integrieren können. Benutzer können nach bestimmten Titeln suchen, beliebte Sounds durchsuchen oder angesagte Audioclips erkunden.

c) Effekte und Filter: TikTok bietet eine breite Palette an Effekten und Filtern, die Benutzer auf ihre Videos anwenden können und so einzigartige und visuell fesselnde Inhalte ermöglichen. Von Schönheitsfiltern bis hin zu Augmente Reality (AR)-Effekten bietet die Plattform Tools zur Steigerung von Kreativität und Engagement.

d) Hastiges und Herausforderungen: Hastiges spielen eine entscheidende Rolle bei der Inhaltserkennung von TikTok. Benutzer können ihren Videos relevanten Hastiges hinzufügen, um die Sichtbarkeit zu erhöhen und an Trend-Herausforderungen teilzunehmen. Herausforderungen sind spezifische Themen oder Ideen, die Benutzer dazu ermutigen, Videos zu einem bestimmten Konzept zu erstellen und so das Engagement und die Virilität der Community zu fördern.

e) Seite „Folgen" und „Für Sie": Benutzer können anderen TikTok-Konten folgen, um deren Inhalte in ihrem „Folgen"-Feed anzuzeigen. Die „Für Sie"-Seite hingegen zeigt einen personalisierten Feed mit empfohlenen Videos basierend auf den Interaktionen, Vorlieben und dem TikTok-Algorithmus eines Benutzers. Es ermöglicht Benutzern, neue Inhalte und Ersteller zu entdecken, die auf ihre Interessen zugeschnitten sind.

f) Interaktionen und Engagement: TikTok fördert die Benutzerinteraktion durch Funktionen wie Ligen, Kommentieren, Teilen und Direktnachrichten. Benutzer können mit Inhalten interagieren, indem sie Kommentare hinterlassen, sich dilettieren (ein Video mit geteiltem Bildschirm neben dem Video eines anderen Benutzers erstellen) oder zusammenfügen (ihren eigenen Inhalt vor oder nach einem vorhandenen Video hinzufügen).

Die dynamische und immensere Natur von TikTok, gepaart mit seinem Schwerpunkt auf benutzergenerierten Inhalten, haben es zu einer leistungsstarken Plattform für Unterhaltung, Kreativität und Community-Aufbau gemacht. Das Verständnis dieser Grundlagen wird als solide Grundlage für Ihre TikTok-Reise dienen.

1. Laden Sie die TikTok-App herunter und installieren Sie sie: Besuchen Sie den App Store Ihres Geräts (App Store für iOS oder Google Play Store für Android) und suchen Sie nach „TikTok". Tippen Sie auf die TikTok-App und wählen Sie „Installieren", um sie herunterzuladen und auf Ihrem Gerät zu installieren.

2. Starten Sie die TikTok-App: Suchen Sie nach der Installation der App das TikTok-Symbol auf dem Startbildschirm oder in der App-Schublade Ihres Geräts. Tippen Sie auf das Symbol, um die App zu starten.

3. Melden Sie sich für ein TikTok-Konto an: Auf dem TikTok-Startbildschirm werden Ihnen zwei Optionen angezeigt: „Anmelden" und „Anmelden". Tippen Sie auf „Anmelden", um ein neues TikTok-Konto zu erstellen.

4. Wählen Sie Ihre Anmeldemethode: TikTok bietet mehrere Möglichkeiten zur Anmeldung, darunter die Verwendung Ihrer Telefonnummer oder E-Mail-Adresse, die Anmeldung mit Ihren bestehenden Sozial-Media-Konten (wie Facebook, Instagram oder Twitter) oder die Verwendung Ihrer Apple-ID oder Google Konto. Wählen Sie die Anmeldemethode, die am besten zu Ihnen passt.

5. Schließen Sie den Anmeldevorgang ab: Abhängig von der von Ihnen gewählten Anmeldemethode müssen Sie die erforderlichen Informationen angeben. Wenn Sie beispielsweise Telefonnummer oder E-Mail ausgewählt haben, geben Sie Ihre Telefonnummer oder E-Mail-Adresse ein und erstellen Sie ein sicheres Passwort. Wenn Sie sich für die Anmeldung mit einem Sozial-Media-Konto entschieden haben,

werden Sie möglicherweise aufgefordert, TikTok Zugriff auf Ihre Kontoinformationen zu gewähren.

6. Passen Sie Ihr TikTok-Profil an: Nach erfolgreicher Anmeldung werden Sie aufgefordert, Ihr Profil einzurichten. Wählen Sie einen eindeutigen Benutzernamen, der Sie oder Ihre Marke repräsentiert. Sie können auch ein Profilbild hinzufügen und eine kurze Biografie schreiben, um Informationen über sich selbst oder die Art der Inhalte bereitzustellen, die Sie teilen möchten.

7. Entdecken Sie die Datenschutzeinstellungen von TikTok: TikTok bietet verschiedene Datenschutzeinstellungen, mit denen Sie steuern können, wer Ihre Inhalte sehen, Ihre Videos kommentieren und Ihnen Direktnachrichten senden kann. Nehmen Sie sich etwas Zeit, um Ihre Datenschutzeinstellungen zu überprüfen und entsprechend Ihren Präferenzen anzupassen.

8. Beginnen Sie mit dem Entdecken und Erstellen von Inhalten: Nachdem Sie Ihr TikTok-Konto eingerichtet haben, können Sie jetzt damit beginnen, die App zu erkunden, Inhalte von anderen Benutzern zu entdecken und Ihre eigenen Videos zu erstellen. Nutzen Sie die Suchfunktion, erkunden Sie die Seite „Für Sie" und tauschen Sie sich mit anderen TikTok-Erstellern aus, um ein Gefühl für die Art von Inhalten zu bekommen, die Ihnen Spaß machen und die Sie erstellen möchten.

Denken Sie daran, die Community-Richtlinien von TikTok zu befolgen, die Urheberrechtsgesetze zu respektieren und sich bei der Nutzung der Plattform positiv und verantwortungsbewusst zu verhalten.

Glückwunsch! Sie haben Ihr TikTok-Konto erfolgreich erstellt und sind bereit, Ihre TikTok-Reise anzutreten. Viel

Spaß beim Erkunden der App und beim Erstellen fesselnder Inhalte!

Eine Schritt-für-Schritt-Anleitung zur Navigation in der TikTok-App und ihrer Benutzeroberfläche

1. Startbildschirm: Beim Starten der TikTok-App gelangen Sie zum Startbildschirm. Dieser Bildschirm bietet einen vertikalen Feed mit Videos, die auf Ihre Interessen und Vorlieben zugeschnitten sind.
2. Navigationsleiste: Am unteren Bildschirmrand finden Sie die Navigationsleiste mit mehreren Symbolen:

a) Startseite: Tippen Sie auf das Haussymbol, um von jedem anderen Abschnitt der App zum Startbildschirm zurückzukehren.

b) Entdecken: Durch Tippen auf das Lupensymbol gelangen Sie zum Entdecken-Bildschirm. Hier können Sie angesagte Videos, Hastiges und Herausforderungen erkunden und neue Content-Ersteller entdecken.

c) Plus-Symbol: Tippen Sie auf das Plus-Symbol in der Mitte, um Ihre eigenen TikTok-Videos zu erstellen und hochzuladen.

d) Posteingang: Das Sprechblasensymbol führt Sie zu Ihrem Posteingang, wo Sie auf Ihre Direktnachrichten, Benachrichtigungen und Interaktionen mit anderen Benutzern zugreifen können.

e) Profil: Tippen Sie auf das Profilsymbol rechts, um auf Ihr TikTok-Profil zuzugreifen, wo Sie Ihre Videos, Fühlloser, Fühlloser und Einstellungen anzeigen und bearbeiten können.

3. Entdecken-Bildschirm: Wenn Sie auf das Lupensymbol tippen, gelangen Sie zum Entdecken-Bildschirm. Hier können Sie Trendvideos, beliebte Hastiges, Herausforderungen und personalisierte Empfehlungen basierend auf Ihren Interessen erkunden. Scrollen Sie vertikal, um mehr Inhalte anzuzeigen, und wischen Sie horizontal, um zwischen verschiedenen Abschnitten zu wechseln.

4. Erstellen eines TikTok-Videos: Um Ihr eigenes TikTok-Video zu erstellen, tippen Sie auf das Plus-Symbol in der Mitte der Navigationsleiste. Dadurch wird die Videoaufzeichnungsoberfläche geöffnet. Sie können aus verschiedenen Aufnahmeoptionen wie „Erstellen", „Hochladen", „Live" oder „Duett" wählen. Sie können auch Effekte, Filter und Sounds hinzufügen und die Dauer Ihres Videos anpassen.

5. Interaktion mit TikTok-Videos: Während Sie ein TikTok-Video ansehen, können Sie auf verschiedene Arten interagieren:

a) Gefällt mir: Tippen Sie auf das herzförmige Symbol, um ein Video zu liegen.

b) Kommentar: Tippen Sie auf das Sprechblasensymbol, um einen Kommentar zu einem Video zu hinterlassen.

c) Teilen: Tippen Sie auf das Pfeilsymbol, um das Video mit Ihren Volleren oder auf anderen Plattformen zu teilen.

d) Profil: Tippen Sie auf den Benutzernamen oder das Profilbild des Erstellers, um dessen Profil zu besuchen und weitere Inhalte anzuzeigen.

e) Folgen: Um einem Benutzer zu folgen, tippen Sie auf die Schaltfläche „+" in seinem Profil oder auf der rechten Seite des Videos.

f) Weitere Optionen: Tippen Sie auf das Drei-Punkte-Symbol, um auf zusätzliche Optionen zuzugreifen, z. B. ein Video melden, zu Ihren Favoriten hinzufügen oder das Video speichern.

6. Profilbildschirm: Tippen Sie auf Ihr Profilsymbol, um auf Ihr TikTok-Profil zuzugreifen. Hier können Sie Ihre Profilinformationen anzeigen und bearbeiten, einschließlich Ihres Profilbilds, Benutzernamens, Ihrer Biografie und eines Links zu externen Websites. Sie können auch Ihre Videos, Fühlloser und Fühlloser anzeigen und auf zusätzliche Einstellungen zugreifen.

7. Benachrichtigungen und Nachrichten: Tippen Sie auf das Sprechblasensymbol, um auf Ihre Benachrichtigungen und Direktnachrichten zuzugreifen. Benachrichtigungen zeigen Ihnen, wenn jemand Ihre Videos mag, kommentiert oder mit ihnen interagiert. Mit Direktnachrichten können Sie privat mit anderen TikTok-Benutzern chatten.

8. Einstellungen: Tippen Sie in Ihrem Profil auf das Drei-Punkte-Symbol (weitere Optionen), um auf das Einstellungsmenü zuzugreifen. Hier können Sie Kontoeinstellungen, Datenschutzeinstellungen, Benachrichtigungseinstellungen und mehr verwalten.

Denken Sie daran, die Funktionen, Trends und kreativen Tools von TikTok zu erkunden und sich mit ihnen vertraut zu machen, um das Beste aus Ihrem TikTok-Erlebnis zu machen. Viel Spaß beim Entdecken und Gestalten!

Verschiedene Features und Funktionen auf TikTok verfügbar

---

1. Videoaufzeichnung und -bearbeitung:
   - Aufnahmetaste: Mit der Hauptaufnahmetaste von TikTok können Sie Videos direkt in der App aufnehmen. Halten Sie die Taste gedrückt, um die Aufnahme zu starten, und lassen Sie sie los, um sie zu stoppen.
   - Videoeffekte: TikTok bietet eine breite Palette an Effekten, Filtern und AR-Funktionen (Augmente Reality), um Ihre Videos zu verbessern. Wischen Sie auf dem Bildschirm nach links oder rechts, um während der Aufnahme verschiedene Effekte zu erkunden.
   - Tamer und Countdown: Mit der Tamer-Funktion können Sie vor Beginn der Aufnahme einen Countdown einstellen, damit Sie sich in Position bringen oder sich auf eine bestimmte Aktion vorbereiten können.
   - Geschwindigkeitskontrolle: Passen Sie die Geschwindigkeit Ihres Videos an, um Zeitlupen- oder Zeitraffereffekte zu erzeugen.
   - Zuschneiden und Bearbeiten: Nach der Aufnahme eines Videos können Sie den Anfang oder das Ende zuschneiden und mit den Bearbeitungswerkzeugen von TikTok Text, Aufkleber und Zeichnungen hinzufügen.
2. Klänge und Musik:

- o TikTok-Soundbibliothek: TikTok bietet eine umfangreiche Bibliothek mit Musik, Soundeffekten und beliebten Audioclips, die Sie in Ihren Videos verwenden können. Sie können bestimmte Titel durchsuchen und suchen oder angesagte Sounds erkunden.
- o Ton hinzufügen: Wenn Sie ein Video aufnehmen, können Sie auf die Schaltfläche „Töne" tippen, um einen bestimmten Ton oder Song zur Begleitung Ihres Videos auszuwählen.
- o Originalton: Wenn Sie Musiker oder Kreativer sind, können Sie Ihre eigenen Originaltöne hochladen und sie anderen TikTok-Benutzern zur Verfügung stellen.

3. Effekte und Filter:
   - o Schönheitsfilter: TikTok bietet verschiedene Schönheitsfilter, um Ihr Aussehen zu verbessern, die Haut zu glätten, die Beleuchtung anzupassen und Make-up-Effekte hinzuzufügen.
   - o AR-Effekte: Mit Augmente-Reality-Effekten können Sie Ihre Videos mit virtuellen Objekten, Hintergründen oder Animationen überlagern und sie so optisch ansprechender und interaktiver gestalten.
   - o Green Screen: Mit dieser Funktion können Sie den Hintergrund Ihrer Videos durch benutzerdefinierte Bilder oder Videos ersetzen und bieten so endlose kreative Möglichkeiten.

4. Hastiges und Herausforderungen:
   - o Hastiges: Hastiges spielen auf TikTok eine entscheidende Rolle und können dazu beitragen, die Auffindbarkeit Ihrer Videos zu erhöhen. Sie können Ihren Videountertiteln relevante Hastiges hinzufügen oder nach

beliebten Hastiges suchen, um verwandte Inhalte zu erkunden.

- o Herausforderungen: Auf TikTok gibt es häufig virale Herausforderungen, bei denen Benutzer dazu ermutigt werden, Videos zu bestimmten Themen oder Konzepten zu erstellen. Die Teilnahme an Schallendes kann Ihre Sichtbarkeit und Ihr Engagement innerhalb der TikTok-Community steigern.

5. Duett und Stich:
   - o Duett: Mit der Duett-Funktion können Sie Split Screen-Videos neben den Videos anderer Benutzer erstellen. Dies ermöglicht die Zusammenarbeit, Antwortvideos oder kreative Interaktionen mit anderen TikTok-Erstellern.
   - o Stich: Mit der Stich-Funktion können Sie einen Ausschnitt aus dem Video eines anderen Benutzers aufnehmen und Ihren eigenen Inhalt davor oder danach hinzufügen und so eine nahtlose Mischung beider Videos erstellen.

6. Seite „Entdecken und für Sie":
   - o Entdecken: Auf der Entdecken-Seite können Sie beliebte Videos, angesagte Hastiges und Herausforderungen erkunden und neue Content-Ersteller entdecken. Es bietet einen Feed mit empfohlenen Inhalten basierend auf Ihren Interessen und Interaktionen.
   - o ForYou Page (FYP): Die For You Page ist der algorithmisch kürettierte Feed von TikTok, der personalisierte Inhalte basierend auf Ihren Vorlieben, Interaktionen und den Videos, mit denen Sie interagieren, präsentiert. Es soll ein maßgeschneidertes Erlebnis bieten und Ihnen dabei helfen, Inhalte zu entdecken, die Ihnen gefallen könnten.

7. Live-Streaming:

- TikTok Live: Wenn Sie mindestens 1.000 Fühlloser haben, können Sie auf TikTok live gehen und in Echtzeit mit Ihrem Publikum interagieren. Live-Streaming ermöglicht Live-Frage- und Antwortsitzungen, Auftritte, Tutoriums und mehr.
8. Effekte, Übergänge und Text:
   - Textüberlagerungen: Sie können Ihren Videos Textüberlagerungen hinzufügen, einschließlich

Abschnitt 2: Fesselnde TikTok-Inhalte erstellen

Nische und Zielgruppe

1. Bestimmen Sie Ihre Interessen und Leidenschaften: Beginnen Sie mit einem Brainstorming Ihrer Interessen, Leidenschaften und Fachgebiete. Überlegen Sie, welche Themen, Hobbys oder Fähigkeiten Sie wirklich begeistern und zu welchen Themen Sie gerne Inhalte erstellen würden.
2. Recherchieren Sie vorhandene TikTok-Inhalte: Erkunden Sie TikTok, um zu sehen, welche Arten von Inhalten in Ihren Interessengebieten bereits beliebt sind. Achten Sie auf den Grad des Engagements (Lükes, Kommentare, Shares) und den Inhalt, der bei

den Zuschauern Anklang findet. Diese Recherche gibt Ihnen Einblicke in das, was gut funktioniert, und hilft Ihnen, Lücken oder Chancen für Ihre Inhalte zu erkennen.

3. Identifizieren Sie Ihren einzigartigen Blickwinkel: Suchen Sie nach einem einzigartigen Blickwinkel oder einer einzigartigen Perspektive, die Sie von anderen YouTube in Ihrer Nische unterscheidet. Was macht Ihre Inhalte anders oder besonders? Dabei kann es sich um Ihre persönlichen Erfahrungen, Ihr Fachwissen, Ihren Erzählstil oder eine einzigartige Herangehensweise an das Thema handeln.

4. Analysieren Sie Ihre Zielgruppe: Überlegen Sie, wer an Ihren Inhalten interessiert sein könnte. Berücksichtigen Sie ihr Alter, Geschlecht, ihren Standort und alle spezifischen Eigenschaften oder Interessen, die sie haben könnten. Identifizieren Sie die Probleme, Herausforderungen oder Wünsche, die Ihre Inhalte möglicherweise ansprechen können.

5. Erforschen Sie die Zielgruppendemografie: TikTok bietet Einblicke und Analysen für TikTok Pro-Konten. Erwägen Sie den Wechsel zu einem Pro-Konto, um auf Daten über die demografischen Merkmale Ihrer Zielgruppe zuzugreifen, einschließlich Alter, Geschlecht und Standort. Diese Informationen können Ihnen helfen zu verstehen, wer sich bereits mit Ihren Inhalten beschäftigt, und Ihre Zielgruppe weiter verfeinern.

6. Testen und verfeinern: Beginnen Sie mit der Erstellung von Inhalten in Ihrer Nische und beobachten Sie die Reaktion Ihrer Zuschauer. Achten Sie auf das Engagement, die Kommentare und das Feedback, die Sie erhalten. Analysieren Sie, welche Arten von Inhalten gut ankommen und bei Ihrer Zielgruppe Anklang finden. Dieser iterative Prozess

hilft Ihnen, Ihre Nische zu verfeinern und die Vorlieben Ihres Publikums besser zu verstehen.

7. Beteiligen Sie sich und interagieren Sie: Interagieren Sie aktiv mit Ihrem Publikum, indem Sie auf Kommentare und Nachrichten antworten und an Diskussionen teilnehmen. Diese Interaktion hilft Ihnen, eine treue Fangemeinde aufzubauen und Einblicke in die Interessen und Bedürfnisse Ihres Publikums zu gewinnen.

8. Anpassen und weiterentwickeln: Wenn Sie mehr Inhalte erstellen und ein tieferes Verständnis für Ihre Nische und Ihr Publikum gewinnen, seien Sie offen für die Anpassung und Weiterentwicklung Ihrer Content-Strategie. Bleiben Sie über die neuesten Trends auf dem Laufenden und hören Sie auf das Feedback Ihres Publikums, um weiterhin wertvolle und ansprechende Inhalte bereitzustellen.

Denken Sie daran, dass das Finden Ihrer Nische und Zielgruppe Zeit und Experimente erfordern kann. Bleiben Sie authentisch, konsistent und konzentrieren Sie sich darauf, Ihren Zuschauern einen Mehrwert zu bieten, und Sie werden nach und nach ein treues Publikum in der von Ihnen gewählten Nische auf TikTok gewinnen.

Tipps und Strategien zur Generierung kreativer Ideen für TikTok-Inhalte

1. Folgen Sie angesagten Herausforderungen und Hastiges: Bleiben Sie mit den neuesten Herausforderungen und angesagten Hastiges auf TikTok auf dem Laufenden. Die Teilnahme an diesen Trends kann Ihnen helfen, Sichtbarkeit zu erlangen

und mit einem breiteren Publikum in Kontakt zu treten. Stellen Sie sich der Herausforderung mit Ihrer ganz eigenen Note oder finden Sie kreative Wege, um sich vom Trend abzuheben.

2. Lassen Sie sich von beliebten TikTok-Erstellern inspirieren: Folgen Sie erfolgreichen TikTok-Erstellern in Ihrer Nische oder Ihrem Interessengebiet und interagieren Sie mit ihnen. Beobachten Sie ihre Inhalte, Erzähltechniken, Bearbeitungsstile und die Art und Weise, wie sie mit ihrem Publikum interagieren. Auch wenn Sie niemals den Inhalt einer anderen Person direkt kopieren sollten, können Sie sich von deren Kreativität inspirieren lassen und sie an Ihren eigenen, einzigartigen Stil anpassen.

3. Analysieren Sie virale Videos: Achten Sie auf Videos, die auf TikTok viral gegangen sind. Suchen Sie nach gemeinsamen Elementen, Themen oder Formaten, die zu ihrem Erfolg beigetragen haben. Finden Sie heraus, was diese Videos auszeichnet, und überlegen Sie, wie Sie ähnliche Elemente in Ihre eigenen Inhalte integrieren können.

4. Nutzen Sie die Disc Over-Seite von TikTok: Erkunden Sie regelmäßig die Disc Over-Seite auf TikTok, um neue Inhalte und Trends zu entdecken. Diese Seite präsentiert eine kürettierte Auswahl beliebter und angesagter Videos in verschiedenen Kategorien. Indem Sie darüber informiert bleiben, was beliebt ist, können Sie diese Ideen anpassen und ihnen Ihre eigene kreative Note verleihen.

5. Interagieren Sie mit Ihrem Publikum: Achten Sie auf die Kommentare, Fragen und Rückmeldungen, die Sie von Ihren Zuschauern erhalten. Beteiligen Sie sich an Gesprächen mit Ihrem Publikum und hören Sie sich deren Vorschläge oder Inhaltswünsche an. Dieses Feedback kann wertvolle Erkenntnisse liefern und neue Ideen für Ihre TikTok-Inhalte inspirieren.

6. Denken Sie über den Tellerrand hinaus: Haben Sie keine Angst, kreativ zu denken und mit verschiedenen Formaten, Erzähltechniken oder einzigartigen Blickwinkeln zu experimentieren. Seien Sie bereit, Risiken einzugehen und etwas Neues auszuprobieren. TikTok ist eine Plattform, die Kreativität und Authentizität fördert. Machen Sie sich also Ihren einzigartigen Stil zu eigen und zeigen Sie Ihre Persönlichkeit durch Ihre Inhalte.

7. Nutzen Sie Ihr Fachwissen: Identifizieren Sie Ihre Fachgebiete oder einzigartigen Fähigkeiten und finden Sie Möglichkeiten, wertvolles Wissen mit Ihrem Publikum zu teilen. Ob Kochen, Mode, Fitness oder Kunst – Ihr Fachwissen kann die Grundlage für informative und ansprechende Inhalte sein.

8. Arbeiten Sie mit anderen Erstellern zusammen: Durch die Zusammenarbeit mit anderen TikTok-Erstellern können Sie neue Perspektiven einbringen und Ihr Publikum erweitern. Suchen Sie nach Möglichkeiten zur Zusammenarbeit bei Duetten, Herausforderungen oder gemeinsamen Inhalten, die zu Ihrer Nische passen. Kooperationen können zu neuen Ideen, mehr Engagement und Bekanntheit bei unterschiedlichen Zielgruppen führen.

9. Umfassen Sie das Geschichtenerzählen: Bei TikTok geht es nicht nur um kurze, knackige Videos. Nutzen Sie die Plattform, um fesselnde Geschichten zu erzählen. Ob durch eine Reihe miteinander verbundener Videos oder eine kreative Erzählstruktur – Storytelling kann Ihre Zuschauer fesseln und sie dazu bringen, immer wieder zurückzukommen.

10. Bleiben Sie authentisch und haben Sie Spaß: TikTok lebt von Authentizität und echtem Ausdruck. Bleiben Sie sich selbst treu, haben Sie Spaß beim Erstellen von Inhalten und lassen Sie Ihre Persönlichkeit durchscheinen. Ihr Enthusiasmus und Ihre

Leidenschaft werden bei Ihrem Publikum Anklang finden und das Ansehen Ihrer Inhalte angenehmer machen.

Denken Sie daran, Kreativität ist ein Prozess und nicht jede Idee wird ein Erfolg sein. Experimentieren Sie, lernen Sie aus Ihren Erfolgen und Misserfolgen und verfeinern Sie Ihre Content-Strategie kontinuierlich, um Ihr Publikum anzusprechen und es dazu zu bringen, wiederzukommen.

Verschiedene Videoformate und wie Sie das richtige Format für bestimmte Inhalte auswählen

1. Standard-TikTok-Video:
   - Dies ist das am weitesten verbreitete Videoformat auf TikTok und besteht aus einem vertikal ausgerichteten Video, das maximal 60 Sekunden lang abgespielt wird.
   - Verwenden Sie dieses Format für allgemeine Inhalte wie unterhaltsame Sketche, Tutoriums, Produktrezensionen oder den Austausch persönlicher Erfahrungen.
   - Bedenken Sie, dass die Aufmerksamkeitsspanne bei TikTok oft kürzer ist. Daher ist es wichtig, die Aufmerksamkeit der Zuschauer schnell zu erregen und innerhalb der ersten Sekunden ansprechende Inhalte bereitzustellen.
2. TikTok-Duette:
   - Mit Duetten können Sie neben dem Video eines anderen Benutzers ein Split Screen-Video erstellen.

- o Verwenden Sie dieses Format für die Zusammenarbeit, Antwortvideos oder kreative Interaktionen mit anderen TikTok-Erstellern.
- o Wählen Sie dieses Format, wenn Sie an einer Herausforderung teilnehmen oder auf einzigartige und kreative Weise auf die Inhalte eines anderen Benutzers reagieren möchten.

3. Stich:
- o Mit Stich können Sie einen Ausschnitt aus dem Video eines anderen Benutzers aufnehmen und Ihren eigenen Inhalt davor oder danach hinzufügen und so eine nahtlose Mischung beider Videos erstellen.
- o Verwenden Sie dieses Format, wenn Sie Ihre Perspektive, Ihren Kommentar oder Ihre Reaktion zu einem vorhandenen Video hinzufügen möchten.
- o Stichling ist besonders nützlich, um Gespräche zu führen oder beliebten oder viralen Inhalten einen Mehrwert zu verleihen.

4. Grüner Bildschirm:
- o Mit der Green-Screen-Funktion können Sie den Hintergrund Ihrer Videos durch benutzerdefinierte Bilder oder Videos ersetzen.
- o Verwenden Sie dieses Format für kreative und visuell dynamische Inhalte. Sie können sich an verschiedene Orte versetzen, immersere Szenen erstellen oder Spezialeffekte integrieren.
- o Green Screen ist ein großartiges Format zum Geschichtenerzählen, für Sketche oder um Ihren Inhalten einen Hauch von Fantasie oder Humor zu verleihen.

5. Zeitlupe oder Zeitraffer:

- o Mit TikTok können Sie die Geschwindigkeit Ihrer Videos anpassen und so Zeitlupen- oder Zeitraffereffekte erstellen.
- o Verwenden Sie Zeitlupe, um detaillierte Bewegungen einzufangen, komplexe Fähigkeiten zu demonstrieren oder einen dramatischen Effekt hinzuzufügen.
- o Zeitraffer kann für komödiantische Effekte, Zeitraffervideos oder wenn Sie längere Aktivitäten auf eine kürzere Dauer zusammenfassen möchten, verwendet werden.
6. Stopp-Motion:
   - o Bei Stopp Motion wird ein Video erstellt, indem eine Reihe von Fotos mit kleinen Änderungen zwischen den einzelnen Aufnahmen aufgenommen wird.
   - o Verwenden Sie dieses Format, um optisch ansprechende und einzigartige Videos zu erstellen. Stopp Motion ist ideal für DIY-Projekte, Bastelanleitungen, Kochrezepte oder die Präsentation von Transformationen.

Berücksichtigen Sie bei der Auswahl des richtigen Videoformats für bestimmte Inhalte die folgenden Faktoren:

- Inhaltstyp: Denken Sie über die Art Ihres Inhalts und das Format nach, das ihn am besten präsentiert. Ob es sich um ein Tutoriell, einen Comedy-Sketch, ein Reaktionsvideo oder die Präsentation eines Produkts handelt, wählen Sie ein Format, das den Inhalt ergänzt und aufwertet.
- Engagement: Überlegen Sie, wie Ihr Publikum mit Ihren Inhalten interagieren soll. Einige Formate, wie Duette oder Stiches, fördern die Interaktion und Zusammenarbeit, während andere, wie

Standardvideos, konzentriertes Geschichtenerzählen ermöglichen.

- Kreativität und Wirkung: Wählen Sie ein Format, das es Ihnen ermöglicht, kreativ zu sein und Wirkung zu erzielen. Experimentieren Sie mit verschiedenen Formaten, um visuelles Interesse zu wecken, Aufmerksamkeit zu erregen und Ihre Botschaft effektiv zu vermitteln.
- Zielgruppenpräferenzen: Verstehen Sie Ihre Zielgruppe und deren Vorlieben. Achten Sie auf die Arten von Inhalten, mit denen sie sich beschäftigen, und auf die Formate, die bei ihnen Anklang finden. Wählen Sie ein Format, das ihren Erwartungen und Interessen entspricht.

Denken Sie daran, dass Sie jederzeit mit verschiedenen Videoformaten experimentieren können, um herauszufinden, was für Ihre Inhalte am besten geeignet ist. Flexibilität und Anpassung sind der Schlüssel, um die Aufmerksamkeit Ihres Publikums auf TikTok zu gewinnen und aufrechtzuerhalten.

Bearbeitungstools und Effekte von TikTok zur Verbesserung von Videos

1. Tippen Sie nach der Aufnahme eines Videos auf das „Häkchen"-Symbol, um auf den Bearbeitungsbildschirm zuzugreifen. Hier finden Sie mehrere Optionen zum Anpassen und Verbessern Ihres Videos.
2. Effekte: Tippen Sie unten links auf dem Bildschirm auf die Schaltfläche „Effekte". Dadurch wird eine

Bibliothek mit visuellen Effekten und Filtern geöffnet, die Sie auf Ihr Video anwenden können. Erkunden Sie die verschiedenen Kategorien und wischen Sie durch die Effekte, um eine Vorschau in Echtzeit anzuzeigen. Zu den beliebten Effektkategorien gehören Beauty, Trendig, Special Effekts und AR (Augmente Reality).

3. Filter: TikTok bietet eine Vielzahl von Filtern, um die Stimmung und das Erscheinungsbild Ihrer Videos zu verbessern. Tippen Sie unten rechts auf dem Bildschirm auf die Schaltfläche „Filter", um auf die verfügbaren Optionen zuzugreifen. Wischen Sie nach links oder rechts, um eine Vorschau anzuzeigen und einen Filter auszuwählen, der zum Stil und Thema Ihres Videos passt.

4. Tamer: Mit der Tamer-Funktion können Sie einen Countdown einstellen, bevor die Aufnahme beginnt. Tippen Sie unten links auf die Schaltfläche „Tamer" und passen Sie dann die Dauer des Countdowns an. Dies ist besonders nützlich, wenn Sie mit der Freisprechaufnahme beginnen oder sich auf bestimmte Aktionen in Ihrem Video vorbereiten möchten.

5. Geschwindigkeit: Tippen Sie unten rechts auf die Schaltfläche „Geschwindigkeit", um die Geschwindigkeit Ihres Videos anzupassen. Sie können das Filmmaterial verlangsamen oder beschleunigen, um interessante Effekte zu erzielen oder es an das Tempo Ihres Inhalts anzupassen. TikTok bietet mehrere Geschwindigkeitsoptionen, darunter 0,3x, 0,5x, 2x und mehr.

6. Zuschneiden: Wenn Sie unerwünschte Teile vom Anfang oder Ende Ihres Videos entfernen möchten, tippen Sie unten auf die Schaltfläche „Zuschneiden". Ziehen Sie die Schieberegler auf der Zeitleiste, um die gewünschten Start- und Endpunkte Ihres Videos

auszuwählen. Dies ist nützlich, um Ihre Inhalte zu verfeinern und prägnant zu halten.

7. Lautstärke und Vocoder: Passen Sie die Lautstärke Ihres Originaltons an oder fügen Sie Ihrem Video einen Vocoder hinzu. Tippen Sie auf die Schaltfläche „Lautstärke", um auf die Lautstärkeregelung zuzugreifen. Sie können die Lautstärke des Originaltons erhöhen oder verringern oder auf das Mikrofonsymbol tippen, um einen Sprachkommentar aufzunehmen.

8. Text und Aufkleber: Um Ihrem Video Textüberlagerungen oder Aufkleber hinzuzufügen, tippen Sie unten auf die Schaltfläche „Text" oder „Aufkleber". Wählen Sie aus einer Vielzahl von Textstilen und Schriftarten und passen Sie die Textfarbe, -größe und -position an. Ebenso können Sie eine große Auswahl an Aufklebern durchsuchen, um Ihrem Video spielerische oder informative Elemente hinzuzufügen.

9. Ausrichten und anordnen: TikTok bietet Optionen zum Ausrichten und Anordnen mehrerer Clips in Ihrem Video. Tippen Sie unten rechts auf die Schaltfläche „Ausrichten", um reibungslose Übergänge zwischen Clips zu gewährleisten. Sie können die Reihenfolge der Clips auch ändern, indem Sie sie lange drücken und auf der Timeline ziehen.

10. Green Screen: Um den Hintergrund Ihres Videos durch benutzerdefinierte Bilder oder Videos zu ersetzen, tippen Sie auf die Schaltfläche „Effekte" und wählen Sie dann die Option „Green Screen". Befolgen Sie die Anweisungen, um den Green Screen-Effekt richtig einzurichten, und wählen Sie dann das gewünschte Hintergrundmedium aus.

11. Bearbeitungsvorschau: Während des Bearbeitungsvorgangs können Sie unten auf die Schaltfläche „Vorschau" tippen, um zu sehen, wie Ihr

Video mit den angewendeten Effekten und Bearbeitungen aussieht. Dies hilft Ihnen, notwendige Anpassungen vorzunehmen und stellt sicher, dass Ihr Video vor der Veröffentlichung poliert aussieht.

Denken Sie daran: Der Schlüssel zur Verwendung der Bearbeitungstools und -effekte von TikTok liegt darin, zu experimentieren, kreativ zu sein und den Stil zu finden, der am besten zu Ihren Inhalten passt. Probieren Sie verschiedene Kombinationen aus, aber achten Sie darauf, Ihr Video nicht mit übermäßigen Effekten zu überfordern. Lassen Sie Ihre Inhalte glänzen und nutzen Sie die Tools, um ihre Gesamtattraktivität zu steigern.

Bleiben Sie auf dem Laufenden und nehmen Sie an beliebten TikTok-Trends teil

Wenn Sie über beliebte TikTok-Trends auf dem Laufenden bleiben und daran teilnehmen, können Sie Ihre Sichtbarkeit erhöhen, ein breiteres Publikum ansprechen und auf der Plattform relevant bleiben. Hier ist ein Leitfaden, der Ihnen hilft, über TikTok-Trends auf dem Laufenden zu bleiben und effektiv daran teilzunehmen:

1. Entdecken Sie die Disc Over-Seite: Die Disc Over-Seite auf TikTok ist eine großartige Ressource, um beliebte und trendige Inhalte zu entdecken. Es präsentiert eine kürettierte Auswahl an Trendvideos, Herausforderungen und Hastiges. Erkunden Sie diesen Bereich regelmäßig, um über die neuesten Trends und viralen Inhalte informiert zu bleiben.
2. Folgen Sie Trend-Hastiges: Behalten Sie Trend-Hastiges im Auge, die sich auf Ihre Nische oder

Interessengebiete beziehen. Wenn Sie diesem Hastigen folgen, können Sie die neuesten Videos und damit verbundenen Herausforderungen sehen. Integrieren Sie beliebtem Hastigem in Ihre eigenen Inhalte, um deren Sichtbarkeit und Reichweite zu erhöhen.

3. Folgen Sie Influenzen und Trendsettern: Identifizieren und folgen Sie TikTok-Influenzen und Trendsettern, die Ihren Interessen und Ihrer Nische entsprechen. Diese YouTube beteiligt sich häufig an beliebten Trends und startet diese. Indem Sie ihnen folgen, bleiben Sie über ihre Inhalte auf dem Laufenden, beobachten ihre Herangehensweise an Trends und lassen sich für Ihre eigene Teilnahme inspirieren.

4. Nehmen Sie an Schallendes teil: Schallendes sind ein wichtiger Teil der TikTok-Kultur. Dabei erstellen Benutzer Videos zu einem bestimmten Thema oder Konzept. Die Teilnahme an Schallendes kann Ihnen helfen, Bekanntheit zu erlangen und mit einem breiteren Publikum in Kontakt zu treten. Halten Sie Ausschau nach angesagten Herausforderungen und gestalten Sie diese auf Ihre eigene Art und Weise. Fügen Sie relevantem Hastigem hinzu und nehmen Sie aktiv an der Challenge teil, indem Sie sich mit den Videos anderer Teilnehmer beschäftigen.

5. Treten Sie mit der TikTok-Community in Kontakt: Interagieren Sie mit anderen TikTok-Erstellern und -Zuschauern, indem Sie deren Inhalte kommentieren, liegen und teilen. Die Interaktion mit der Community hilft Ihnen, in Verbindung zu bleiben und Beziehungen aufzubauen. Hinterlassen Sie durchdachte Kommentare zu Trendvideos oder Herausforderungen, um Ihre Unterstützung zu zeigen und Ihre Sichtbarkeit zu erhöhen.

6. Seien Sie auf der „Für Sie"-Seite aktiv: Auf der „Für Sie"-Seite (FYP) kürettiert der TikTok-Algorithmus

personalisierte Inhalte für Benutzer basierend auf ihren Interessen und ihrem Engagement. Wenn Sie sich auf Ihrem FYP mit einer Vielzahl von Inhalten beschäftigen, werden Sie mit verschiedenen Trends vertraut gemacht und können besser verstehen, was beliebt ist. Verbringen Sie regelmäßig Zeit mit Ihrem FYP, um auf dem Laufenden zu bleiben und Einblicke in die Arten von Inhalten zu erhalten, die bei den Benutzern Anklang finden.

7. Behalten Sie TikTok-Sounds im Auge: TikTok-Sounds oder Audioclips spielen bei Trends oft eine wichtige Rolle. Achten Sie auf beliebte Sounds und erkunden Sie die damit erstellten Videos. Erwägen Sie die Integration trendiger Sounds in Ihre eigenen Videos, um die Chancen zu erhöhen, dass sie entdeckt und geteilt werden.

8. Überwachen Sie einflussreiche TikTok-Konten: Folgen Sie einflussreichen TikTok-Konten, z. B. offiziellen Markenkonten, beliebten Erstellern oder Konten, die sich der Kartierung viraler Inhalte widmen. Diese Konten schaffen oder fördern häufig Trends. Wenn Sie mit ihren Inhalten auf dem Laufenden bleiben, erhalten Sie Einblicke in neue Trends und können Ihre Teilnahme entsprechend planen.

9. Experimentieren Sie und fügen Sie eine einzigartige Wendung hinzu: Versuchen Sie bei der Teilnahme an Trends, Ihre einzigartige Wendung oder Perspektive hinzuzufügen. Denken Sie kreativ und finden Sie Wege, sich vom Trend abzuheben. Wenn Sie Ihre eigene persönliche Note, Ihren Humor oder Ihr Fachwissen hinzufügen, können Sie dazu beitragen, dass Ihre Videos bei den Zuschauern Anklang finden und Aufmerksamkeit erregen.

10. Bleiben Sie konsistent: Konsistenz ist bei TikTok der Schlüssel. Veröffentlichen Sie regelmäßig Inhalte,

engagieren Sie sich mit der Community und beteiligen Sie sich an Trends. Indem Sie regelmäßig auftauchen und aktiv sind, erhöhen Sie Ihre Chancen, beliebte Trends zu entdecken und daran teilzunehmen.

Denken Sie daran, dass TikTok-Trends schnell kommen und gehen. Daher ist es wichtig, proaktiv zu bleiben, die neuesten Ereignisse im Auge zu behalten und sich an die sich entwickelnde Landschaft anzupassen. Haben Sie Spaß, seien Sie authentisch und lassen Sie Ihrer Kreativität freien Lauf, während Sie an Trends teilhaben.

Abschnitt 3: Aufbau Ihrer TikTok-Marke

Definition der Markenidentität und -werte von TikTok.

Die Definition Ihrer TikTok-Markenidentität und -Werte ist entscheidend für den Aufbau einer konsistenten und authentischen Präsenz auf der Plattform. Es hilft Ihnen, ein klares Bild zu schaffen, mit Ihrer Zielgruppe in Kontakt zu treten und sich von anderen TikTok-Erstellern abzuheben. Hier ist eine Schritt-für-Schritt-Anleitung, die Ihnen dabei hilft, Ihre TikTok-Markenidentität und -Werte zu definieren:

1. Verstehen Sie Ihre Zielgruppe: Beginnen Sie damit, ein tiefes Verständnis Ihrer Zielgruppe

zu erlangen. Berücksichtigen Sie ihre demografischen Merkmale, Interessen, Werte und Schwachstellen. Identifizieren Sie, welche Art von Inhalten bei ihnen Anklang findet und was sie von TikTok-Erstellern erwarten. Dieses Verständnis wird Ihre Markenidentität prägen, um effektiv mit Ihrem Publikum in Kontakt zu treten und es einzubinden.

2. Bestimmen Sie Ihre Nische: Definieren Sie den spezifischen Bereich oder das Thema, auf das Sie sich innerhalb von TikTok konzentrieren möchten. Wählen Sie eine Nische, die Ihren Leidenschaften, Ihrem Fachwissen und den Interessen Ihres Publikums entspricht. Die Wahl einer Nische hilft Ihnen, sich als Autorität zu etablieren und eine engagierte Anhängerschaft zu gewinnen. Außerdem können Sie damit Inhalte erstellen, die konsistent und für Ihre Marke relevant sind.

3. Klären Sie Ihre Markenpersönlichkeit: Überlegen Sie, wie Ihre Marke von Ihrem Publikum wahrgenommen werden soll. Berücksichtigen Sie den Tonfall, den Humor, die Werte und die allgemeine Persönlichkeit, die Sie in Ihren Inhalten verkörpern möchten. Sind Sie informativ, unterhaltsam, schrullig oder inspirierend? Definieren Sie Ihre Markenpersönlichkeit, um eine konsistente und wiedererkennbare Präsenz auf TikTok zu schaffen.

4. Identifizieren Sie Ihr Alleinstellungsmerkmal (USP): Finden Sie heraus, was Sie von anderen TikTok-Erstellern in Ihrer Nische unterscheidet. Identifizieren Sie Ihre einzigartige Perspektive, Ihr Fachwissen oder

Ihren kreativen Ansatz, der Sie auszeichnet. Dabei kann es sich um eine bestimmte Fähigkeit, einen anderen Erzählstil oder eine einzigartige Art der Inhaltsvermittlung handeln. Ihr USP hilft Ihnen, einen unverwechselbaren Raum zu schaffen und ein treues Publikum anzulocken.

5. Definieren Sie Ihre Markenwerte: Berücksichtigen Sie die Werte, die Ihnen wichtig sind, und stimmen Sie sie mit Ihren Inhalten ab. Definieren Sie die Prinzipien und Überzeugungen, die Ihre TikTok-Präsenz leiten. Dazu können Authentizität, Exklusivität, Positivität, Humor oder soziale Verantwortung gehören. Ihre Markenwerte prägen die Art der Inhalte, die Sie erstellen, und die Botschaft, die Sie Ihrem Publikum vermitteln.

6. Entwickeln Sie eine einheitliche visuelle Identität: Legen Sie einen einheitlichen visuellen Stil für Ihre TikTok-Inhalte fest. Dazu gehören Elemente wie Farbpaletten, Schriftarten und visuelle Themen. Wählen Sie einen Stil, der Ihre Markenpersönlichkeit widerspiegelt und bei Ihrer Zielgruppe Anklang findet. Eine konsistente visuelle Identität trägt zur Markenbekanntheit bei und schafft ein zusammenhängendes und professionelles Image.

7. Erstellen Sie eine überzeugende Biografie: Verwenden Sie Ihre TikTok-Biografie, um Ihre Markenidentität und Werte prägnant zu vermitteln. Schreiben Sie eine klare und ansprechende Biografie, die die Essenz Ihrer Marke einfängt und potenzielle Fühlloser fasziniert. Stellen Sie sicher, dass Sie

Schlüsselwörter einschließen, die sich auf Ihre Nische beziehen, um die richtige Zielgruppe anzulocken.

8. Erstellen Sie Inhaltsrichtlinien: Entwickeln Sie Inhaltsrichtlinien, die mit Ihrer Markenidentität und Ihren Werten übereinstimmen. Beschreiben Sie die Arten von Inhalten, die Sie erstellen werden, die bevorzugten Themen und alle Grenzen oder Themen, die Sie vermeiden sollten. Das Vorhandensein von Richtlinien trägt dazu bei, die Konsistenz aufrechtzuerhalten und sicherzustellen, dass Ihre Inhalte Ihrer Marke treu bleiben.

9. Engagieren Sie sich und verbinden Sie sich mit Ihrem Publikum: Bauen Sie eine Community auf und fördern Sie die Interaktion mit Ihrem Publikum. Reagieren Sie auf Kommentare und Nachrichten und beteiligen Sie sich an Gesprächen. Diese Interaktion stärkt die Verbindung zu Ihren Volleren und zeigt das Engagement Ihrer Marke für den Aufbau von Beziehungen.

10. Kontinuierliche Bewertung und Anpassung: Bewerten Sie regelmäßig Ihre TikTok-Markenidentität und -Werte, um sicherzustellen, dass sie weiterhin mit Ihren Zielen übereinstimmen und bei Ihrem Publikum Anklang finden. Bleiben Sie offen für Feedback, überwachen Sie die Engagement-Kennzahlen und nehmen Sie bei Bedarf Anpassungen vor. Die TikTok-Landschaft entwickelt sich weiter und Ihre Marke sollte sich entsprechend anpassen.

Die Definition Ihrer TikTok-Markenidentität und -Werte ist ein fortlaufender Prozess. Es braucht Zeit und Experimente, um Ihre Markenpräsenz zu verfeinern und eine bleibende Wirkung zu erzielen. Bleiben Sie Ihren Werten treu, seien Sie authentisch und liefern Sie stets Inhalte, die zu Ihrer Markenidentität passen.

Es ist wichtig, Authentizität und Persönlichkeit in TikTok-Inhalten zur Schau zu stellen

Die Darstellung von Authentizität und Persönlichkeit in TikTok-Inhalten ist entscheidend für den Aufbau eines echten und engagierten Publikums. Hier sind einige Gründe, warum Authentizität und Persönlichkeit bei TikTok wichtig sind:

1. Bauen Sie Vertrauen und Verbindung auf: TikTok ist eine Plattform, auf der Benutzer nach echten und nachvollziehbaren Inhalten suchen. Wenn Sie Ihr authentisches Selbst zeigen, bauen Sie Vertrauen bei Ihrem Publikum auf. Authentizität schafft ein Gefühl der Verbundenheit und Zugänglichkeit und erhöht die Wahrscheinlichkeit, dass sich Ihre Zuschauer mit Ihren Inhalten beschäftigen und diese unterstützen.
2. Heben Sie sich in einem überfüllten Raum ab: TikTok ist mit einer riesigen Menge an

Inhalten verschiedener Ersteller gefüllt. Um aufzufallen, müssen Sie Ihre einzigartige Persönlichkeit in den Vordergrund stellen. Indem Sie Sie selbst sind, Ihre Erfahrungen teilen und Ihre Individualität zum Ausdruck bringen, schaffen Sie eine eindeutige Identität, die Sie von anderen unterscheidet.

3. Engagement steigern: TikTok lebt vom Engagement und authentische Inhalte rufen tendenziell ein höheres Maß an Engagement hervor. Wenn Zuschauer eine echte Verbindung zu Ihnen spüren, ist es wahrscheinlicher, dass sie Ihre Inhalte kommentieren, liegen, teilen und ihnen folgen. Authentizität löst Gespräche aus und ermutigt die Zuschauer, an der von Ihnen aufgebauten TikTok-Community teilzunehmen.

4. Kultivieren Sie eine treue Fangemeinde: Der Aufbau einer treuen Fangemeinde ist für den langfristigen Erfolg auf TikTok von entscheidender Bedeutung. Wenn Sie Ihr authentisches Selbst zeigen, ziehen Sie Gleichgesinnte an, die mit Ihren Werten, Interessen und Ihrer Persönlichkeit übereinstimmen. Diese treuen Fühlloser werden zu Ihren Fürsprechern, teilen Ihre Inhalte und helfen Ihnen, Ihre Reichweite zu vergrößern.

5. Umfassen Sie Einzigartigkeit: TikTok feiert Individualität, Kreativität und Vielfalt. Indem Sie Ihr wahres Selbst zur Schau stellen, nehmen Sie Ihre Einzigartigkeit an und ermutigen andere, dasselbe zu tun. Dies fördert ein positives und integratives Umfeld, in dem sich jeder wohl fühlt und sich authentisch ausdrücken kann.

6. Verbinden Sie sich mit Ihrer Zielgruppe: Authentizität ermöglicht es Ihnen, auf einer tieferen Ebene mit Ihrer Zielgruppe in Kontakt zu treten. Indem Sie Ihre persönlichen Erfahrungen, Geschichten und Perspektiven teilen, erstellen Sie Inhalte, die bei denen Anklang finden, die ähnliche Interessen teilen oder ähnliche Situationen durchgemacht haben. Diese Verbindung stärkt Ihre Beziehung zu Ihrem Publikum und hilft Ihnen, deren Bedürfnisse und Vorlieben zu verstehen.
7. Fördern Sie Kreativität und Innovation: Authentizität inspiriert oft zu Kreativität und Innovation. Wenn Sie sich selbst treu bleiben, neigen Sie eher dazu, zu experimentieren, Risiken einzugehen und neue Ideen auszuprobieren. Indem Sie Ihre Persönlichkeit zur Schau stellen, ermutigen Sie andere, ihrer Kreativität Ausdruck zu verleihen und über den Tellerrand zu schauen, und fördern so eine Kultur der Innovation auf TikTok.

Denken Sie daran: Authentizität bedeutet nicht, dass Sie jeden Aspekt Ihres Lebens übermäßig teilen oder preisgeben. Es geht darum, authentisch zu sein, Ihren Werten treu zu bleiben und Inhalte zu teilen, die zu Ihrer Markenidentität passen. Seien Sie offen, transparent und respektieren Sie die Grenzen Ihres Publikums. Umfassen Sie Ihre einzigartige Persönlichkeit und lassen Sie sie durch Ihre Inhalte erstrahlen, um eine authentische und ansprechende TikTok-Präsenz zu schaffen.

Tipps zur Entwicklung eines konsistenten visuellen Stils und einer einheitlichen Ästhetik für das TikTok-Profil

Die Entwicklung eines konsistenten visuellen Stils und einer einheitlichen Ästhetik für Ihr TikTok-Profil ist für die Schaffung einer zusammenhängenden und wiedererkennbaren Marke von entscheidender Bedeutung. Hier sind einige Tipps, die Ihnen dabei helfen, einen einheitlichen visuellen Stil zu erreichen:

1. Definieren Sie die visuelle Identität Ihrer Marke: Definieren Sie zunächst die visuelle Identität, die Sie auf TikTok darstellen möchten. Berücksichtigen Sie die Persönlichkeit Ihrer Marke, Ihre Nische und Ihre Zielgruppe. Möchten Sie lebendig und farbenfroh, minimalistisch und klar wirken oder haben Sie ein bestimmtes Thema? Definieren Sie die Farben, Schriftarten und die allgemeine Ausstrahlung Ihrer Marke, um Ihre visuellen Entscheidungen zu leiten.
2. Wählen Sie eine Farbpalette: Wählen Sie eine Farbpalette, die zur Persönlichkeit Ihrer Marke passt und bei Ihrer Zielgruppe Anklang findet. Beschränken Sie Ihre Farbauswahl auf einige Schlüsselfarben, die in Ihren gesamten Inhalten konsistent verwendet werden. Dies sorgt für einen visuellen Zusammenhalt und macht Ihre Videos sofort erkennbar.
3. Verwenden Sie einheitliche Schriftarten: Wählen Sie einige Schriftarten aus, die den Stil Ihrer Marke widerspiegeln, und behalten Sie diese in Ihren Videos bei. Eine konsistente Schriftartenauswahl trägt dazu bei, ein

zusammenhängendes visuelles Erlebnis zu schaffen und Ihren Inhalten eine professionelle Note zu verleihen. Erwägen Sie die Verwendung einer Schriftart für Titel und einer anderen für Bildunterschriften oder Untertitel.

4. Achten Sie bei der Bearbeitung auf visuelle Konsistenz: Achten Sie auf den Bearbeitungsstil und die Effekte, die Sie in Ihren Videos verwenden. Versuchen Sie, einen konsistenten Ansatz beizubehalten, unabhängig davon, ob es sich um Filter, Übergänge oder Überlagerungen handelt. Dabei geht es nicht darum, in jedem Video den gleichen Effekt zu verwenden, sondern vielmehr darum, einen wiedererkennbaren Stil zu schaffen, der Ihre Inhalte miteinander verbindet.

5. Ziehen Sie visuelle Themen in Betracht: Entdecken Sie die Idee, visuelle Themen zu verwenden, die zu Ihrer Marke und Nische passen. Dabei kann es sich um einen bestimmten Hintergrund, Requisiten oder wiederkehrende Elemente handeln, die in Ihren Videos vorkommen. Visuelle Themen sorgen für Zusammenhalt und helfen dabei, Ihre einzigartige visuelle Identität zu etablieren.

6. Achten Sie auf Fläming und Komposition: Experimentieren Sie mit Fläming- und Kompositionstechniken, um die visuelle Attraktivität Ihrer Videos zu verbessern. Berücksichtigen Sie die Drittelregel, Führungslinien und Symmetrie, um optisch ansprechende Aufnahmen zu erstellen. Gut

komponierte Videos wirken professioneller und visuell ansprechender.

7. Integrieren Sie Markenelemente: Integrieren Sie Markenelemente wie Logos, Wasserzeichen oder einheitliche Grafiken in Ihre Videos. Dies stärkt auf subtile Weise Ihre Markenidentität und hilft den Zuschauern, Ihre Inhalte mit Ihrer Marke in Verbindung zu bringen.

8. Vorschau und Bewertung: Bevor Sie Ihre Videos veröffentlichen, sehen Sie sich eine Vorschau an, um sicherzustellen, dass sie Ihrem gewünschten visuellen Stil entsprechen. Nehmen Sie sich einen Moment Zeit, um zu beurteilen, ob die Farben, Schriftarten und die Gesamtästhetik mit Ihrer Markenidentität übereinstimmen. Diese kleinen Anpassungen können die visuelle Kohärenz Ihres Profils erheblich beeinträchtigen.

9. Suchen Sie nach Inspiration, aber bleiben Sie einzigartig: Es ist hilfreich, sich von anderen TikTok-Erstellern oder Marken in Ihrer Nische inspirieren zu lassen, aber vermeiden Sie es, deren visuellen Stil direkt zu kopieren. Lassen Sie sich stattdessen inspirieren und passen Sie sie an, um Ihre einzigartige visuelle Identität zu schaffen. Finden Sie Wege, sich von der Masse abzuheben und gleichzeitig ein einheitliches und zusammenhängendes Erscheinungsbild beizubehalten.

10. Überwachen und anpassen: Überwachen Sie kontinuierlich die visuelle Leistung Ihrer TikTok-Inhalte. Achten Sie auf das Engagement, das Feedback und die Kennzahlen des Publikums, um herauszufinden, was bei Ihren Zuschauern

Anklang findet. Nehmen Sie auf der Grundlage dieses Feedbacks Anpassungen vor und verfeinern Sie Ihren visuellen Stil, um den Vorlieben Ihres Publikums besser gerecht zu werden.

Die Konsistenz Ihres visuellen Stils trägt zum Aufbau der Markenbekanntheit bei und schafft ein unvergessliches Erlebnis für Ihre Zuschauer. Treffen Sie Ihre Entscheidungen bewusst, experimentieren Sie und passen Sie sie nach Bedarf an, während Sie gleichzeitig der visuellen Identität Ihrer Marke treu bleiben.

So erstellen Sie ansprechende Bildunterschriften und nutzen effektive Hastiges

Das Erstellen ansprechender Bildunterschriften und die Verwendung effektiver Hastiges auf TikTok können die Auffindbarkeit und das Engagement Ihrer Inhalte erheblich beeinflussen. Hier sind einige Tipps, die Ihnen dabei helfen, fesselnde Bildunterschriften zu erstellen und Hastiges optimal zu nutzen:

Ansprechende Bildunterschriften erstellen:

1. Seien Sie prägnant und aufmerksamkeitsstark: TikTok-Untertitel haben nur begrenzten Platz, daher ist es wichtig, dass Ihre Botschaft prägnant und aufmerksamkeitsstark ist. Beginnen Sie mit einem Aufhänger oder einer überzeugenden Frage, um die Zuschauer zu

fesseln und sie zum Ansehen Ihres Videos zu verleiten.

2. Zeigen Sie Persönlichkeit und Ton: Verleihen Sie Ihren Bildunterschriften Ihre einzigartige Persönlichkeit und Ihren Markenton. Seien Sie authentisch, gesprächig und sympathisch. Lassen Sie Ihre Bildunterschriften die Stimme und Werte Ihrer Marke widerspiegeln, egal ob humorvoll, informativ oder inspirierend.

3. Fügen Sie Kontext oder Storytelling hinzu: Verwenden Sie Untertitel, um Kontext- oder Storytelling-Elemente bereitzustellen, die Ihr Video ergänzen. Sie können Einblicke hinter die Kulissen, zusätzliche Informationen oder interessante Ausschnitte teilen, die die Neugier der Zuschauer wecken.

4. Call-to-Action (CTA): Ermutigen Sie die Zuschauer, sich mit Ihrem Video zu beschäftigen, indem Sie einen klaren Call-to-Action in Ihre Bildunterschrift einfügen. Bitten Sie sie, eine bestimmte Herausforderung oder einen bestimmten Trend zu liegen, zu kommentieren, zu teilen, zu verfolgen oder daran teilzunehmen. CTAs tragen dazu bei, das Engagement zu steigern und eine Community rund um Ihre Inhalte aufzubauen.

5. Verwenden Sie Eminis und Symbole: Eminis und Symbole können einen visuellen Reiz verleihen und Emotionen oder Ideen in kompakter Form vermitteln. Setzen Sie sie sparsam und strategisch ein, um Ihre Bildunterschriften aufzuwerten und hervorzuheben.

Verwendung effektiver Hastiges:

1. Recherchieren Sie relevante Hastiges: Identifizieren Sie beliebte und relevante Hastiges in Ihrer Nische. Recherchieren Sie trendigen Hastiges, erkunden Sie die Disc Over-Seite und sehen Sie, welche Hastiges Influenzier oder ähnliche Ersteller verwenden. Suchen Sie nach Hastiges mit mäßigem Engagement, um Ihre Chancen, entdeckt zu werden, zu erhöhen.
2. Mischen Sie breite und nischenspezifische Hastiges: Fügen Sie eine Mischung aus breiteren Hastiges und spezifischeren nischenbezogenen Hastiges hinzu. Breite Hastiges wie #foryoupage oder #tiktoktrends können Ihre Inhalte einem größeren Publikum zugänglich machen, während nischenspezifische Hastiges wie #beautyhacks oder #fitnessmotivation dabei helfen, ein fokussierter es und interessierteres Publikum anzusprechen.
3. Verwenden Sie Hastiges in der Bildunterschrift oder im Kommentar: Sie können Hastiges entweder in der Bildunterschrift selbst oder in einem separaten Kommentar hinzufügen. Der Algorithmus von TikTok erkennt Hastiges an beiden Orten. Wählen Sie daher die Option, die optisch ansprechend aussieht und zu Ihrem Untertitelstil passt.
4. Beschränken Sie Hastiges auf eine angemessene Anzahl: Während TikTok bis zu 100 Hastiges pro Beitrag zulässt, ist es am besten, sich auf Qualität statt Quantität zu konzentrieren. Streben Sie nach einigen gezielten Hastiges, die für Ihren Inhalt am relevantesten sind. Wenn Sie zu viele Hastiges

verwenden, können Ihre Untertitel unübersichtlich und stämmig wirken.

5. Erstellen Sie Marken-Hastiges: Erwägen Sie die Erstellung eigener Marken-Hastiges, um eine Community rund um Ihre Inhalte aufzubauen. Mit Marken-Hastiges können Benutzer alle Ihre verwandten Videos an einem Ort finden und andere dazu ermutigen, an Ihren Inhalten teilzunehmen oder sich mit ihnen zu beschäftigen.

6. Bleiben Sie über Trend-Hastiges auf dem Laufenden: Behalten Sie Trend-Hastiges und Herausforderungen innerhalb der TikTok-Community im Auge. Die Teilnahme an diesen Trends durch die Verwendung relevanter Hastiges kann Ihre Sichtbarkeit steigern und neue Zuschauer anziehen.

7. Recherchieren Sie die Leistung von Hastiges: Überwachen Sie die Leistung der von Ihnen verwendeten Hastiges. Achten Sie auf Engagement-Kennzahlen wie Aufrufe, Lükes und Kommentare, um festzustellen, welche Hastiges Ihre Zielgruppe am effektivsten erreichen.

Denken Sie daran, dass sowohl ansprechende Untertitel als auch effektive Hastiges eine entscheidende Rolle bei der Gewinnung von Zuschauern, der Steigerung des Engagements und dem Ausbau Ihrer TikTok-Präsenz spielen. Experimentieren Sie mit verschiedenen Ansätzen, analysieren Sie Ihre Ergebnisse und verfeinern Sie Ihre Untertitel- und Hashtag-Strategien basierend auf der Reaktion des Publikums und den Trends in Ihrer Nische.

Entdecken Sie die Duett- und Stich- Funktionen von TikTok für die Zusammenarbeit mit anderen YouTube

Die Duett- und Stich-Funktionen von TikTok bieten spannende Möglichkeiten für die Zusammenarbeit mit anderen YouTube und ermöglichen es Ihnen, Ihre Reichweite zu vergrößern, mit der TikTok-Community in Kontakt zu treten und einzigartige Inhalte zu erstellen. Hier finden Sie eine Erkundung der Duett- und Stich-Funktionen und wie Sie sie für die Zusammenarbeit nutzen können:

1. Duett-Funktion: Mit der Duett-Funktion können Sie ein Split Screen-Video neben einem anderen TikTok-Video erstellen. Es ermöglicht Ihnen, mit anderen Erstellern zusammenzuarbeiten, auf deren Inhalte zu reagieren oder nebeneinander Reaktionen zu erstellen. So verwenden Sie die Duett-Funktion:

   - Finden Sie ein Video zum Duett: Durchsuchen Sie TikTok und finden Sie ein Video, mit dem Sie ein Duett machen möchten. Es kann ein Video eines YouTubes sein, den Sie bewundern, ein Trendvideo oder sogar ein Video Ihrer eigenen Fühlloser.
   - Tippen Sie auf die Schaltfläche „Teilen": Tippen Sie auf die Schaltfläche „Teilen" auf der rechten Seite des Videos, mit dem Sie ein Duett machen möchten.

Daraufhin wird eine Liste mit Freigabeoptionen angezeigt.

- Wählen Sie „Duett": Wählen Sie aus den Freigabeoptionen die Option „Duett". Dadurch wird der Aufnahmebildschirm mit dem Originalvideo auf der einen Seite und Ihrer Kamera auf der anderen Seite geöffnet.
- Nehmen Sie Ihr Duett auf: Verwenden Sie den Aufnahmebildschirm, um Ihre Seite des Duetts festzuhalten. Sie können reagieren, tanzen, lippensynchronisieren, Kommentare hinzufügen oder beliebige Inhalte erstellen, die das Originalvideo ergänzen. Seien Sie kreativ und stellen Sie sicher, dass Ihr Duett zu Ihrer Marke und Ihrem Stil passt.
- Bearbeiten und verbessern: Nachdem Sie Ihr Duett aufgenommen haben, können Sie es mit den Bearbeitungstools von TikTok bearbeiten. Fügen Sie Effekte, Filter und Text hinzu oder passen Sie die Videogeschwindigkeit an, um Ihr Duett zu verbessern und ansprechender zu machen.
- Posten und interagieren: Sobald Sie mit Ihrem Duett zufrieden sind, fügen Sie eine Bildunterschrift, Hastiges und weitere Details hinzu. Veröffentlichen Sie es in Ihrem Profil und interagieren Sie mit den Kommentaren und Interaktionen, die Sie erhalten.

2. Stich-Funktion: Mit der Stich-Funktion können Sie einen Ausschnitt aus dem Video eines anderen Benutzers ausschneiden und in Ihr eigenes TikTok-Video integrieren. Es ist eine großartige Möglichkeit, auf ein vorhandenes Video zu reagieren, darauf aufzubauen oder eine neue Perspektive zu schaffen. So verwenden Sie die Stich-Funktion:

- Finden Sie ein Video zum Zusammenfügen: Entdecken Sie ein Video, mit dem Sie zusammenfügen möchten. Suchen Sie nach interessanten Inhalten, Tutoriums, Reaktionen oder allem, was Sie dazu inspiriert, eine Antwort zu verfassen oder auf dem Originalvideo aufzubauen.

- Tippen Sie auf die Schaltfläche „Teilen": Tippen Sie auf die Schaltfläche „Teilen" des Videos, mit dem Sie zusammenfügen möchten. Wählen Sie in den Freigabeoptionen die Option „Stich" aus. Dadurch wird der Aufnahmebildschirm geöffnet.
- Wählen Sie den Clip: Auf dem Aufnahmebildschirm sehen Sie das Originalvideo mit einer Zeitleiste. Ziehen Sie die Zeitleiste, um den spezifischen Teil des Videos auszuwählen, den Sie zusammenfügen möchten. Sie können je nach Absicht einige Sekunden oder das gesamte Video auswählen.
- Zeichnen Sie Ihren Stich auf: Sobald Sie den Clip ausgewählt haben, tippen Sie auf die Aufnahmetaste, um mit der Aufzeichnung Ihres Stichs zu beginnen. Nutzen Sie diese Gelegenheit, um Ihre Perspektive, Ihren Kommentar, Ihre Reaktion oder zusätzliche Inhalte hinzuzufügen , um das Originalvideo zu ergänzen.
- Bearbeiten und verbessern: Nachdem Sie Ihren Stich aufgezeichnet haben, können Sie mit den Bearbeitungswerkzeugen von TikTok Anpassungen vornehmen, Effekte, Beschriftungen oder andere Verbesserungen hinzufügen, um Ihren Stich ansprechender und optisch ansprechender zu gestalten.
- Posten und engagieren: Fügen Sie Ihrem Stich eine Bildunterschrift, relevante Hastiges und alle anderen notwendigen Details hinzu. Veröffentlichen Sie es in Ihrem Profil und interagieren Sie mit den Kommentaren und Interaktionen, die es generiert.

Tipps für die Zusammenarbeit mit Duett und Stich:

- Seien Sie respektvoll und engagiert: Stellen Sie bei der Zusammenarbeit mit anderen YouTube über Duett an Stich sicher, dass Ihre Inhalte mit dem Originalvideo übereinstimmen und einen respektvollen Ton beibehalten. Interagieren Sie mit den Inhalten des ursprünglichen Erstellers, reagieren Sie auf seine Ideen oder bauen Sie auf positive und konstruktive Weise auf seiner Botschaft auf.
- Mehrwert und Kreativität steigern: Nutzen Sie die Duett- und Stich-Funktionen als Gelegenheit, Ihre Kreativität zu demonstrieren, dem Originalvideo einen Mehrwert zu verleihen oder eine neue Perspektive einzubringen. Finden Sie einzigartige Möglichkeiten zur Zusammenarbeit und tragen Sie etwas Sinnvolles zur TikTok-Community bei.
- Entdecken Sie verschiedene Inhaltsstile: Mit Duett und Stich können Sie mit verschiedenen Inhaltsstilen experimentieren, z. B. Reaktionen, Comedy-Sketche, Tutoriums oder Storytelling. Scheuen Sie sich nicht, neue Formate auszuprobieren und zu sehen, was bei Ihrem Publikum ankommt.
- Arbeiten Sie mit gleichgesinnten Erstellern zusammen: Suchen Sie nach Erstellern, die ähnliche Interessen, Werte oder Inhaltsstile teilen. Die Zusammenarbeit mit Gleichgesinnten kann Ihnen dabei helfen, ein Netzwerk aufzubauen, gegenseitig für die Inhalte zu werben und ein Gemeinschaftsgefühl in Ihrer Nische zu fördern.
- Geben Sie den Namen an: Wenn Sie Duett oder Stich verwenden, ist es wichtig, den ursprünglichen Ersteller zu nennen. Bestätigen Sie ihre Arbeit, indem Sie ihren Benutzernamen markieren oder sie in Ihrer Bildunterschrift erwähnen. Dies fördert Respekt, Wertschätzung und angemessene Anerkennung innerhalb der TikTok-Community.

Die Duett- und Stich-Funktionen bieten hervorragende Möglichkeiten für die Zusammenarbeit und den kreativen Ausdruck auf TikTok. Entdecken Sie diese Funktionen, tauschen Sie sich mit anderen YouTube aus und nutzen Sie sie, um Kontakte aufzubauen, Ihre Reichweite zu vergrößern und einzigartige und überzeugende Inhalte zu erstellen.

Abschnitt 4: Erweitern Sie Ihre TikTok-Fühlloser

Wie der Algorithmus von TikTok funktioniert und wie man Inhalte für maximale Sichtbarkeit optimiert

Wenn Sie verstehen, wie der Algorithmus von TikTok funktioniert, und Ihre Inhalte entsprechend optimieren, können Sie Ihre Chancen, Sichtbarkeit zu erlangen und ein größeres Publikum zu erreichen, erheblich verbessern. Obwohl der Algorithmus von TikTok komplex ist und sich ständig weiterentwickelt, finden Sie hier einige Schlüsselfaktoren, die seine Funktionsweise beeinflussen, sowie Tipps zur Optimierung Ihrer Inhalte:

1. Personalisierter Feed: Der Algorithmus von TikTok passt den auf der „Für Sie"-Seite jedes Benutzers angezeigten Inhalt basierend auf seinen früheren Interaktionen, Vorlieben und seinem Verhalten an. Ziel ist es, jedem Benutzer einen personalisierten und ansprechenden Feed bereitzustellen. So können Sie Ihre Inhalte für den personalisierten Feed optimieren:

Erstellen Sie hochwertige Inhalte: Konzentrieren Sie sich auf die Produktion hochwertiger Videos, die die Zuschauer fesseln und fesseln. Verwenden Sie aufmerksamkeitsstarke Bilder, fesselndes Storytelling und klaren Ton, um das Gesamterlebnis zu verbessern.

Verstehen Sie Ihre Zielgruppe: Recherchieren und verstehen Sie die Interessen, Vorlieben und Trendthemen Ihrer Zielgruppe. Passen Sie Ihre Inhalte so an, dass sie bei Ihrem spezifischen Publikum Anklang finden und ihm einen Mehrwert bieten.

Interagieren Sie mit den Zuschauern: Ermutigen Sie die Zuschauer, Ihre Videos zu liegen, zu kommentieren und zu teilen. Reagieren Sie auf Kommentare, interagieren Sie mit Ihrem Publikum und bauen Sie eine Community rund um Ihre Inhalte auf. Der Algorithmus betrachtet Engagement als positives Signal und kann Ihre Inhalte einem breiteren Publikum zugänglich machen.

2. Video-Performance-Metrikern: Der Algorithmus von TikTok berücksichtigt auch verschiedene Performance-Metriker, um die Reichweite und Sichtbarkeit Ihrer Inhalte zu bestimmen. Hier sind einige zu berücksichtigende Kennzahlen und Tipps zur darauf basierenden Optimierung Ihrer Inhalte:

Wiedergabezeit: TikTok schätzt die Wiedergabezeit, die sich auf die Zeit bezieht, die Benutzer damit verbringen, Ihr Video anzusehen. Erstellen Sie ansprechende Inhalte, die frühzeitig Aufmerksamkeit erregen und die Zuschauer dazu ermutigen, sich das gesamte Video anzusehen. Halten Sie Ihre Videos prägnant, unterhaltsam und informativ.

Abschlussrate: Die Abschlussrate misst, wie viele Zuschauer Ihr Video von Anfang bis Ende ansehen. Erregen Sie schnell Aufmerksamkeit, vermitteln Sie Ihre Botschaft effektiv und halten Sie das Interesse des Zuschauers während des gesamten Videos aufrecht. Vermeiden Sie lange Einleitungen oder Füllinhalte, die zu Abbrüchen führen könnten.

Lükes, Kommentare und Shares: Ermutigen Sie die Zuschauer, sich mit Ihren Inhalten zu beschäftigen, indem Sie Fragen stellen, interaktive Elemente verwenden oder Handlungsaufforderungen einfügen. Lükes, Kommentare und Shares tragen zu einer erhöhten Sichtbarkeit bei und können zu einer höheren Reichweite führen.

Virilität und Trendinhalte: Bleiben Sie über TikTok-Trends auf dem Laufenden und nehmen Sie an beliebten Herausforderungen oder Trends teil, wenn diese für Ihre Inhalte relevant sind. Das Erstellen von Inhalten, die auf Trendthemen abgestimmt sind, kann Ihre Chancen erhöhen, viral zu gehen und ein breiteres Publikum zu erreichen.

Inhaltsoptimierung: Um Ihre Inhalte für maximale Sichtbarkeit zu optimieren, beachten Sie die folgenden Tipps:

Verwenden Sie relevante Hastiges: Recherchieren und verwenden Sie relevante Hastiges, die in Ihrer Nische beliebt sind. Dies kann dazu beitragen, dass Ihre Inhalte bei Hashtag-Suchen angezeigt werden und ihre Auffindbarkeit erhöht wird.

Erstellen Sie aufmerksamkeitsstarke Miniaturansichten: Miniaturansichten sind der erste Eindruck, den Zuschauer von Ihrem Video haben. Verwenden Sie optisch ansprechende und überzeugende Miniaturansichten, die Ihre Inhalte genau darstellen und Benutzer zum Klicken und Ansehen verleiten.

Konsequent posten: Veröffentlichen Sie regelmäßig Inhalte, um die Sichtbarkeit und Interaktion mit Ihrem Publikum aufrechtzuerhalten. Beständigkeit zeigt Ihr Engagement und kann dazu beitragen, eine treue Fangemeinde aufzubauen.

Arbeiten Sie mit anderen zusammen und engagieren Sie sich: Arbeiten Sie über die Duett- und Stich-Funktionen mit anderen YouTube zusammen, interagieren Sie mit deren Inhalten und nehmen Sie an der TikTok-Community teil. Der Aufbau von Verbindungen und der Austausch mit anderen können zu größerer Sichtbarkeit und Reichweite führen.

Analysieren und anpassen: Nutzen Sie die integrierten Analysetools von TikTok, um Einblicke in die Leistung Ihrer Inhalte zu gewinnen. Überwachen Sie Kennzahlen wie Aufrufe, Lükes, Shares und Zuschauerbindung. Analysieren Sie, was gut funktioniert und passen Sie Ihre Content-Strategie entsprechend an.

Es ist wichtig zu beachten, dass die Optimierung Ihrer Inhalte zwar die Sichtbarkeit verbessern kann, die Erstellung echter und authentischer Inhalte jedoch immer im Vordergrund stehen sollte. Bleiben Sie Ihrer Marke treu, interagieren Sie mit Ihrem Publikum und experimentieren Sie mit verschiedenen Inhaltsstilen, um herauszufinden, was am besten ankommt. Verstehen Sie den Algorithmus und optimieren Sie Ihre Inhalte basierend auf seinen Prinzipien

Erstellen Sie ein ansprechendes TikTok-Profil, das Fühlloser anzieht

Die Erstellung eines ansprechenden TikTok-Profils ist entscheidend, um Fühlloser zu gewinnen und einen bleibenden Eindruck bei den Zuschauern zu hinterlassen. Hier ist eine Anleitung, die Ihnen beim Erstellen eines faszinierenden TikTok-Profils hilft:

1. Wählen Sie einen einprägsamen Benutzernamen: Wählen Sie einen Benutzernamen, der leicht zu merken ist, Ihre Marke oder Persönlichkeit widerspiegelt und zu Ihrer Content-Nische passt. Vermeiden Sie die Verwendung komplexer oder verwirrender Benutzernamen, die für Zuschauer möglicherweise schwer zu merken sind.
2. Profilbild: Verwenden Sie ein klares und auffälliges Profilbild, das Ihre Marke repräsentiert oder Ihre Persönlichkeit hervorhebt. Es sollte optisch ansprechend und erkennbar sein und in einem kleinen Miniaturbildformat hervorstechen. Erwägen Sie die Verwendung eines hochauflösenden Fotos oder eines Logos, das Ihre Marke repräsentiert.
3. Biografie und Beschreibung: Erstellen Sie eine prägnante und ansprechende Biografie, die Ihre Inhalte zusammenfasst und das Interesse der Zuschauer weckt. Nutzen Sie diesen Bereich, um hervorzuheben, was Ihre Inhalte einzigartig macht, teilen Sie Ihre Leidenschaften mit und fügen Sie relevante

Schlüsselwörter ein. Sie können auch Links zu Ihren anderen Sozial-Media-Konten oder Websites hinzufügen.

4. Definieren Sie Ihr Branding: Etablieren Sie einen konsistenten Branding-Stil, der zu Ihren Inhalten passt und bei Ihrer Zielgruppe Anklang findet. Dazu gehören das Thema Ihres Inhalts, die visuelle Ästhetik, der Tonfall und die allgemeine Botschaft. Ein einheitliches Branding hilft den Zuschauern, Ihre Inhalte zu erkennen und sich mit ihnen zu verbinden.

5. Präsentieren Sie Ihre besten Videos: Präsentieren Sie Ihre besten und beliebtesten Videos in Ihrem Profil. Wählen Sie Videos aus, die Ihren Inhaltsstil repräsentieren, Ihre Kreativität zeigen und positives Interesse hervorgerufen haben. Dies hilft den Zuschauern, auf einen Blick einen Eindruck von Ihren Inhalten zu bekommen.

6. Video-Miniaturansichten: Achten Sie auf die Miniaturansichten Ihrer Videos. Wählen Sie optisch ansprechende und interessante Miniaturansichten aus, die den Inhalt Ihrer Videos genau wiedergeben. Herausragende Miniaturansichten können Zuschauer dazu verleiten, auf Ihre Videos zu klicken und mehr zu entdecken.

7. Highlight Real: Nutzen Sie die Highlight Real-Funktion, um Ihre besten Inhaltskategorien, Kooperationen, Herausforderungen oder andere Highlights Ihrer TikTok-Reise zu präsentieren. Dadurch können Zuschauer bestimmte Aspekte Ihres Inhalts ganz einfach erkunden.

8. Interagieren Sie mit Ihrem Publikum: Interagieren Sie aktiv mit Ihren Followern und

antworten Sie auf Kommentare. Zeigen Sie Wertschätzung für ihre Unterstützung, beantworten Sie ihre Fragen und fördern Sie das Gemeinschaftsgefühl. Diese Interaktion trägt zum Aufbau von Loyalität bei und ermutigt die Zuschauer, sich weiterhin mit Ihren Inhalten zu beschäftigen.

9. Nutzen Sie die Funktionen von TikTok: Nutzen Sie die Funktionen von TikTok, um Ihr Profil zu verbessern. Experimentieren Sie mit Effekten, Filtern, Übergängen und anderen kreativen Tools, um Ihre Videos optisch ansprechend und einzigartig zu gestalten. Nutzen Sie die Duett- und Stich-Funktionen, um mit anderen Kreativen zusammenzuarbeiten und Ihre Reichweite zu vergrößern.

10. Cross-Promotion: Bewerben Sie Ihr TikTok-Profil auf Ihren anderen Sozial-Media-Plattformen und umgekehrt. Teilen Sie Ihren Followern auf anderen Plattformen mit, dass Sie auf TikTok aktiv sind, und stellen Sie Links oder Benutzernamen bereit, damit Sie sie leichter entdecken können.

11. Bleiben Sie aktiv und konsistent: Veröffentlichen Sie regelmäßig Inhalte, um Ihr Profil aktiv zu halten und regelmäßig mit Ihrem Publikum in Kontakt zu treten. Konsistenz schafft Vertrauen, zieht mehr Fühlloser an und ermutigt die Zuschauer, immer wieder zurückzukommen, um mehr zu erfahren.

Denken Sie daran: Der Schlüssel zu einem ansprechenden TikTok-Profil liegt darin, sich selbst treu zu bleiben, Ihre Kreativität zu zeigen und Ihrem Publikum einen Mehrwert zu bieten. Analysieren Sie kontinuierlich die Leistung Ihres Profils, experimentieren Sie mit verschiedenen Strategien und passen Sie sie basierend auf dem Feedback der Zielgruppe und den Trends in Ihrer Nische an.

Strategien für die Interaktion mit der TikTok-Community durch Kommentare, Kooperationen und Herausforderungen.

Die Interaktion mit der TikTok-Community durch Kommentare, Kooperationen und Herausforderungen ist eine hervorragende Möglichkeit, Verbindungen aufzubauen, die Sichtbarkeit zu erhöhen und das Gemeinschaftsgefühl zu fördern. Hier sind einige Strategien, die Ihnen dabei helfen, effektiv mit der TikTok-Community in Kontakt zu treten:

1. Aussagekräftige Kommentare:

- Seien Sie authentisch: Hinterlassen Sie durchdachte und echte Kommentare zu den Videos anderer Ersteller. Zeigen Sie Wertschätzung für deren Inhalte, teilen Sie Ihre Gedanken mit oder stellen Sie relevante Fragen. Vermeiden Sie generische oder Spam-Kommentare.
- Beteiligen Sie sich an Gesprächen: Reagieren Sie auf Kommentare zu Ihren eigenen Videos und initiieren Sie Gespräche mit Ihren Zuschauern. Fördern Sie den Dialog, beantworten Sie Fragen und zeigen Sie Interesse an ihrer Meinung. Dies trägt zum Aufbau einer loyalen und engagierten Community bei.

- Folgen Sie TikTok-Trends: Nehmen Sie an Kommentartrends oder Herausforderungen teil, indem Sie kreative und relevante Kommentare zu Trendvideos hinterlassen. Dies kann Ihre Sichtbarkeit erhöhen und neue Zuschauer für Ihr Profil gewinnen.

2. Kooperationen:

- Erreichen Sie gleichgesinnte Schöpfer: Identifizieren Sie Schöpfer in Ihrer Nische, die ähnliche Interessen oder Inhaltsstile teilen. Kontaktieren Sie sie über Direktnachrichten oder Kommentare und bekunden Sie Ihr Interesse an einer Zusammenarbeit. Bei der Zusammenarbeit kann es sich um Duette, Schallendes oder gemeinsame Videoprojekte handeln.
- Cross-Promotion füreinander: Durch die Zusammenarbeit mit anderen YouTube können Sie deren Zielgruppe erreichen und umgekehrt. Machen Sie Cross-Promotion für die Inhalte der anderen, indem Sie sich gegenseitig in Videos vorstellen, in Bildunterschriften erwähnen oder gemeinsame Werbeinhalte erstellen.
- Nutzen Sie die Duett- und Stich-Funktionen: Nutzen Sie die Duett- und Stich-Funktionen von TikTok, um direkt in Ihren Videos mit anderen Erstellern zusammenzuarbeiten. Auf diese Weise können Sie reagieren, reagieren oder den Inhalten Ihre eigene Note verleihen und so die Zusammenarbeit und das Engagement fördern.

3. Herausforderungen:

- Nehmen Sie an beliebten Herausforderungen teil: Bleiben Sie über aktuelle Herausforderungen in Ihrer Nische auf dem Laufenden und nehmen Sie daran teil. Kreieren Sie Ihre einzigartige Version der Herausforderung, zeigen Sie Ihre Kreativität und verwenden Sie relevante Hastiges, um die Sichtbarkeit zu erhöhen.
- Erstellen Sie Ihre eigenen Herausforderungen: Entwickeln und starten Sie Ihre eigenen Herausforderungen, um mit Ihrem Publikum in Kontakt zu treten und benutzergenerierte Inhalte zu fördern. Überlegen Sie sich ein eingängiges Konzept, geben Sie klare Anweisungen und bewerben Sie Ihre Herausforderung durch Ihre Videos, Bildunterschriften und andere Sozial-Media-Plattformen.
- Interagieren Sie mit Challenge-Teilnehmern: Interagieren Sie regelmäßig mit Benutzern, die an Ihren Schallendes teilnehmen. Ligen, kommentieren und teilen Sie ihre Videos, um Ihre Bemühungen zu würdigen. Dies motiviert die Teilnehmer, sich weiterhin mit Ihren Inhalten zu beschäftigen, und ermutigt andere, mitzumachen.

4. Folgen Sie der TikTok-Community und interagieren Sie mit ihr:

- Folgen Sie relevanten Erstellern: Finden Sie Ersteller, die Sie inspirieren oder ähnliche Inhaltsthemen teilen. Folgen Sie ihnen, um über ihre Inhalte auf dem Laufenden zu bleiben und sich mit ihren Videos und Kommentaren zu beschäftigen. Der Aufbau

71

von Beziehungen zu anderen YouTube kann zu Kooperationsmöglichkeiten und Cross-Promotion führen.

- Interagieren Sie mit Hastiges: Entdecken und erkunden Sie beliebte Hastiges mit Bezug zu Ihrer Nische. Interagieren Sie mit Videos unter dieses Hastige, indem Sie Kommentare hinterlassen, sie liegen und teilen. Dies hilft Ihnen, mit gleichgesinnten YouTube und potenziellen Followern in Kontakt zu treten, die ähnliche Interessen teilen.

Denken Sie daran: Der Schlüssel zu einem erfolgreichen Engagement liegt darin, authentisch, respektvoll und konsequent zu sein. Interagieren Sie aktiv mit der TikTok-Community, zeigen Sie Wertschätzung für die Inhalte anderer und bieten Sie durch Ihre eigenen Inhalte einen Mehrwert. Der Aufbau echter Verbindungen und die Förderung einer unterstützenden Community tragen zu Ihrem TikTok-Erfolg bei.

Tipps zur Zusammenarbeit mit anderen TikTok-Erstellern, um die Reichweite zu vergrößern

Die Zusammenarbeit mit anderen TikTok-Erstellern ist eine wirksame Strategie, um Ihre Reichweite zu vergrößern, neue Zielgruppen zu erschließen und ein Gemeinschaftsgefühl innerhalb der Plattform zu fördern. Hier sind einige Tipps, die Ihnen helfen, das Beste aus der Zusammenarbeit herauszuholen:

1. Identifizieren Sie relevante Ersteller: Suchen Sie nach TikTok-Erstellern, die zu Ihrer Content-Nische passen, ähnliche Interessen teilen oder einen komplementären Stil haben. Durch die Zusammenarbeit mit YouTube, deren Zielgruppe sich mit Ihrer überschneidet, können Sie eine breitere und gezieltere Zielgruppe erreichen.
2. Nehmen Sie Kontakt auf und stellen Sie eine Verbindung her: Sobald Sie potenzielle Kooperationspartner identifiziert haben, nehmen Sie über die Direktnachrichtenfunktion von TikTok oder über ihre anderen Sozial-Media-Plattformen Kontakt zu ihnen auf. Seien Sie ehrlich, drücken Sie Ihre Bewunderung für den Inhalt aus und schlagen Sie die Idee einer Zusammenarbeit vor. Personalisierte Nachrichten , die zeigen, dass Sie recherchiert haben und ihre Arbeit wertschätzen, erhalten mit größerer Wahrscheinlichkeit eine positive Reaktion.
3. Definieren Sie die Zusammenarbeit klar: Besprechen und vereinbaren Sie die Art der Zusammenarbeit, die Sie verfolgen möchten. Dabei kann es sich um das Erstellen von Duetten, Stich-Videos, Reaktionsvideos oder sogar um die Zusammenarbeit an einem gemeinsamen Projekt handeln. Umreißen Sie klar den Zweck, das Format und die Erwartungen an die Zusammenarbeit, um sicherzustellen, dass sich beide Parteien einig sind.
4. Inhalte und Zielgruppe aufeinander abstimmen: Stellen Sie sicher, dass die Zusammenarbeit mit den Inhaltsthemen beider

Ersteller übereinstimmt und bei der jeweiligen Zielgruppe Anklang findet. Der Inhalt sollte die Stile des anderen ergänzen und für beide Gruppen von Followern einen Mehrwert bieten. Dies trägt zur Wahrung der Authentizität bei und stellt sicher, dass sich die Zusammenarbeit natürlich und echt anfühlt.

5. Planen und koordinieren: Kooperationen erfordern Koordination und Planung, um zusammenhängende und ansprechende Inhalte zu erstellen. Besprechen Sie Details wie Videokonzepte, Drehbücher, Drehpläne und alle spezifischen Richtlinien oder Anforderungen. Entscheiden Sie, wie Sie die Zusammenarbeit in Ihren jeweiligen Profilen fördern und Cross-Promotion betreiben, um die Sichtbarkeit zu maximieren.

6. Nutzen Sie die Stärken des anderen: Durch Kooperationen können Sie die Stärken und das Fachwissen des anderen nutzen. Identifizieren Sie die einzigartigen Qualitäten oder Fähigkeiten, die jeder Schöpfer mitbringt, und finden Sie Möglichkeiten, sie in der Zusammenarbeit zu präsentieren und hervorzuheben. Dies kann den Inhalt ansprechender machen und Ihrem Publikum eine neue Perspektive bieten.

7. Werbung und Cross-Promotion: Sobald die Zusammenarbeit live ist, bewerben Sie sie aktiv auf den Profilen der Ersteller und auf anderen Sozial-Media-Plattformen. Teilen Sie Teaser-Clips und Aufnahmen hinter den Kulissen oder bewerben Sie sie durch ansprechende Untertitel. Durch Cross-Promotion der Zusammenarbeit wird die Sichtbarkeit erhöht und Ihr Publikum wird

dazu angeregt, sich gegenseitig die Profile anzusehen.

8. Beteiligen Sie sich und interagieren Sie: Ermutigen Sie die Zuschauer, sich an der Zusammenarbeit zu beteiligen, indem Sie Kommentare hinterlassen, das Video teilen und ihm ein „Gefällt mir" geben. Reagieren Sie auf Kommentare und treten Sie mit dem Publikum in Kontakt, um ein Gemeinschaftsgefühl zu fördern und weitere Interaktionen zu fördern. Dies erhöht die Sichtbarkeit der Zusammenarbeit und schafft ein positives Benutzererlebnis.

9. Bewerten und lernen: Bewerten Sie nach der Zusammenarbeit deren Leistung und Wirkung. Analysieren Sie Engagement-Kennzahlen, Zielgruppenwachstum und Feedback Ihrer Fühlloser. Lernen Sie aus der Erfahrung, um zukünftige Kooperationen zu verfeinern und weiterhin Beziehungen zu anderen Entwicklern aufzubauen.

Die Zusammenarbeit mit anderen TikTok-Erstellern ist eine fantastische Möglichkeit, Ihre Reichweite zu vergrößern, neue Zielgruppen zu erschließen und ein Gemeinschaftsgefühl zu fördern. Indem Sie Ihre Mitarbeiter sorgfältig auswählen, effektiv planen und die Stärken des anderen nutzen, können Sie ansprechende und für beide Seiten vorteilhafte Inhalte erstellen, die bei beiden Gruppen von Followern Anklang finden.

Entdecken Sie Cross-Promotion auf anderen Sozial-Media-Plattformen, um die Followerzahl von TikTok zu erhöhen

Cross-Promotion auf anderen Sozial-Media-Plattformen kann eine effektive Strategie sein, um Ihre TikTok-Fühlloser zu vergrößern und neue Zuschauer zu gewinnen. Hier sind einige Tipps für die Cross-Promotion Ihrer TikTok-Inhalte auf anderen Sozial-Media-Plattformen:

1. Wählen Sie die richtigen Plattformen: Identifizieren Sie, auf welchen Sozial-Media-Plattformen Ihre Zielgruppe am aktivsten ist. Konzentrieren Sie Ihre Cross-Promotion-Bemühungen auf Plattformen, auf denen Sie bereits präsent sind und eine Anhängerschaft haben. Zu den gängigen Plattformen für Cross-Promotion gehören Instagram, YouTube, Twitter, Facebook und Snapchat.
2. Erstellen Sie Teaser-Inhalte: Erstellen Sie kurze Teaser-Clips oder Highlights Ihrer TikTok-Videos, die speziell auf andere Plattformen zugeschnitten sind. Diese Teaser sollten Aufmerksamkeit erregen, einen Einblick in Ihre TikTok-Inhalte geben und einen Aufruf zum Handeln enthalten, um Ihnen auf TikTok zu folgen, um mehr zu erfahren.
3. Nutzen Sie Story-Funktionen: Viele Sozial-Media-Plattformen wie Instagram und Facebook verfügen über Story-Funktionen, mit denen Sie temporäre Inhalte teilen können. Nutzen Sie diese Funktionen, um Einblicke hinter die Kulissen, Vorschauen auf kommende TikTok-Videos oder ansprechende

Slippest zu teilen, die Zuschauer dazu verleiten, Ihnen auf TikTok zu folgen.

4. Teilen Sie direkte Links: Wenn Sie Ihre TikTok-Inhalte auf anderen Plattformen bewerben, stellen Sie direkte Links zu Ihrem TikTok-Profil oder bestimmten Videos bereit. Erleichtern Sie Ihren Followern auf anderen Plattformen den Zugriff auf Ihre TikTok-Inhalte, indem Sie anklickbare Links in Ihre Sozial-Media-Profile, Biografien oder Bildunterschriften einfügen.

5. Nutzen Sie Bildunterschriften und Beschreibungen: Erstellen Sie überzeugende Bildunterschriften oder Beschreibungen, die Ihre Cross-Promotion-Beiträge begleiten. Erklären Sie den Wert und die einzigartigen Aspekte Ihrer TikTok-Inhalte und ermutigen Sie Ihren Fühllosern auf anderen Plattformen, Ihnen auf TikTok zu folgen, um unterhaltsamere und ansprechendere Videos zu sehen.

6. Nutzen Sie Hastiges: Fügen Sie relevante Hastiges in Ihre Cross-Promotion-Beiträge ein, um deren Auffindbarkeit auf anderen Sozial-Media-Plattformen zu erhöhen. Recherchieren Sie beliebten Hastiges in Ihrer Nische und nutzen Sie sie strategisch, um ein breiteres Publikum zu erreichen.

7. Arbeiten Sie mit anderen Content-Erstellern zusammen: Die Zusammenarbeit mit anderen Content-Erstellern, die auf mehreren Plattformen präsent sind, kann Ihnen dabei helfen, deren bestehende Zielgruppe zu erschließen. Indem Sie sich gegenseitig in Cross-Promotion-Beiträgen vorstellen oder sogar gemeinsame Inhalte erstellen, können

Sie Ihr TikTok-Profil einer neuen Gruppe potenzieller Fühlloser zugänglich machen.

8. Interagieren Sie mit Ihrem Publikum: Interagieren Sie aktiv mit Ihren Followern auf anderen Sozial-Media-Plattformen, indem Sie auf Kommentare antworten, Fragen beantworten und Wertschätzung für ihre Unterstützung zeigen. Der Aufbau von Verbindungen und die Pflege von Beziehungen können sie dazu ermutigen, sich Ihre TikTok-Inhalte anzusehen und Ihnen auch dort zu folgen.

9. Analysieren und anpassen: Überwachen Sie die Leistung und das Engagement Ihrer Cross-Promotion-Maßnahmen. Verwenden Sie die von jeder Plattform bereitgestellten Analysetools, um die Wirksamkeit Ihrer Beiträge zu verfolgen und festzustellen, welche Strategien die besten Ergebnisse erzielen. Passen Sie Ihre Cross-Promotion-Taktiken entsprechend an, um Ihre Bemühungen zu optimieren.

Denken Sie daran, dass Konsistenz und Qualität bei der Cross-Promotion von entscheidender Bedeutung sind. Teilen Sie kontinuierlich ansprechende und qualitativ hochwertige Inhalte sowohl auf TikTok als auch auf anderen Sozial-Media-Plattformen, um das Interesse aufrechtzuerhalten und neue Fühlloser zu gewinnen. Durch strategische Cross-Promotion Ihrer TikTok-Inhalte können Sie Ihre Reichweite vergrößern und eine größere und engagiertere Fangemeinde aufbauen.

Abschnitt 5: Monetisierung Ihres TikTok-Erfolgs

Konzept des Personal Branding und wie es auf TikTok anwendbar ist

Unter Personal Branding versteht man den Prozess der Etablierung und Förderung der einzigartigen Identität, der Werte, des Fachwissens und der Persönlichkeit einer Person, um sich von anderen abzuheben und einen unvergesslichen Eindruck zu hinterlassen. Es geht darum, bewusst zu gestalten, wie andere Sie wahrnehmen und was Sie repräsentieren.

Auf TikTok ist persönliches Branding für YouTube unerlässlich, um aus der Fülle an Inhalten hervorzustechen und effektiv mit ihrer Zielgruppe in Kontakt zu treten. So lässt sich Personal Branding auf TikTok anwenden:

1. Authentizität und Einzigartigkeit: Persönliches Branding auf TikTok beginnt damit, authentisch zu sein und Ihre einzigartigen Qualitäten zu berücksichtigen. Teilen Sie Ihr wahres Ich, bringen Sie Ihre Leidenschaften zum Ausdruck und lassen Sie Ihre Persönlichkeit durch Ihre Inhalte erstrahlen. Authentizität schwingt bei Menschen mit und es ist wahrscheinlicher, dass sie sich mit

Inhalten beschäftigen, die sich real und nachvollziehbar anfühlen.

2. Identifizieren Sie Ihre Nische: Bestimmen Sie Ihre Content-Nische oder Ihr Fachgebiet auf TikTok. Dies hilft Ihnen, sich als Autorität oder Anlaufstelle für bestimmte Themen zu etablieren. Finden Sie ein Gleichgewicht zwischen Ihren Interessen und den Interessen Ihrer Zielgruppe und stellen Sie sicher, dass eine Nachfrage nach den von Ihnen bereitgestellten Inhalten besteht.

3. Konsistenz im Inhalt: Legen Sie einen einheitlichen Stil, Ton und Format für Ihre TikTok-Inhalte fest. Konsistenz hilft den Zuschauern, Ihre Marke zu erkennen und sich daran zu erinnern. Berücksichtigen Sie Faktoren wie Ihr Inhaltsthema, visuelle Ästhetik, Erzähltechniken und die Gesamtbotschaft, die Sie vermitteln möchten. Dadurch entsteht eine zusammenhängende und wiedererkennbare Markenidentität.

4. Aufbau einer Markengeschichte: Erstellen Sie eine überzeugende Markengeschichte, die Ihre Werte, Ihre Reise und Ihren Zweck widerspiegelt. Teilen Sie Ihre Erfahrungen, Erfolge, Misserfolge und gewonnenen Erkenntnisse. Eine gut ausgearbeitete Markengeschichte hilft den Zuschauern, sich auf einer tieferen Ebene mit Ihnen zu verbinden und baut eine emotionale Bindung auf.

5. Interagieren Sie mit Ihrem Publikum: Nehmen Sie aktiv Kontakt zu Ihrem Publikum auf, indem Sie auf Kommentare antworten, um Input bitten und ein Gemeinschaftsgefühl fördern. Zeigen Sie Wertschätzung für ihre

Unterstützung, gehen Sie auf ihre Fragen ein und bauen Sie Beziehungen zu Ihren Followern auf. Durch die Interaktion mit Ihrem Publikum können Sie eine treue Fangemeinde aufbauen und Ihre persönliche Marke stärken.

6. Präsentieren Sie Fachwissen und Wert: Demonstrieren Sie Ihr Fachwissen und bieten Sie Ihrem Publikum durch Ihre TikTok-Inhalte einen Mehrwert. Teilen Sie hilfreiche Tipps, Einblicke, Tutoriums oder unterhaltsame Inhalte, die Ihre Zuschauer aufklären, inspirieren oder unterhalten. Positionieren Sie sich als wertvolle Ressource in Ihrer Nische, um Glaubwürdigkeit und Vertrauen aufzubauen.

7. Konsistente visuelle Identität: Achten Sie auf Ihre visuellen Markenelemente wie Profilbild, Titelbilder und Video-Thumbnails. Verwenden Sie einheitliche Farben, Schriftarten und visuelle Stile, die zu Ihrer persönlichen Marke passen. Dadurch entsteht ein optisch ansprechender und zusammenhängender Auftritt auf TikTok.

8. Zusammenarbeit und Vernetzung: Arbeiten Sie mit anderen TikTok-Erstellern zusammen, die ähnliche Werte teilen oder Ihre Inhalte ergänzen. Durch Kooperationen können Sie neue Zielgruppen erreichen und Ihre Reichweite vergrößern. Auch die Vernetzung mit anderen YouTube kann zu Chancen und Wachstum innerhalb der TikTok-Community führen.

9. Off-TikTok-Präsenz: Erweitern Sie Ihre persönliche Marke über TikTok hinaus, indem Sie auf anderen Sozial-Media-Plattformen wie

Instagram, Twitter oder YouTube präsent sind. Behalten Sie eine einheitliche Markenidentität auf diesen Plattformen bei, bewerben Sie Cross-Promotion für Ihre TikTok-Inhalte und interagieren Sie mit Ihrem Publikum auf mehreren Plattformen.

Denken Sie daran, dass der Aufbau einer persönlichen Marke Zeit und Mühe erfordert. Seien Sie geduldig, bleiben Sie sich selbst treu und liefern Sie stets hochwertige Inhalte, die zu Ihrer persönlichen Marke passen. Während sich Ihre persönliche Marke auf TikTok weiterentwickelt, bewerten und verfeinern Sie Ihre Strategie kontinuierlich auf der Grundlage des Publikumsfeedbacks und der sich ändernden Trends in Ihrer Nische.

Der Kreator Fund von TikTok und wie Kreator damit Geld verdienen können

Der Kreator Fund von TikTok ist ein Programm zur finanziellen Unterstützung von TikTok-Erstellern und bietet ihnen die Möglichkeit, mit ihren Inhalten Geld zu verdienen. Es bietet Entwicklern die Möglichkeit, ihre Bemühungen und ihr Engagement auf der Plattform zu Monetisieren. Hier ist eine Übersicht über den Kreator Fund von TikTok und wie YouTube damit Geld verdienen kann:

1. Teilnahmeberechtigung: Um Anspruch auf den TikTok Kreator Fund zu haben, müssen YouTube bestimmte von TikTok festgelegte Kriterien erfüllen. Zu diesen Kriterien können Faktoren wie die Anzahl des Fühlloseren,

Videoaufrufe und die Einhaltung der Community-Richtlinien von TikTok gehören.

2. Bewerbungsprozess: Kreative, die sich für den Kreator Fund interessieren, müssen sich über die TikTok-App bewerben. TikTok prüft die Bewerbungen und benachrichtigt die Ersteller, ob sie in das Programm aufgenommen wurden.

3. Mittelzuweisung: Sobald YouTube in den Kreator Fund aufgenommen wurden, können sie basierend auf ihrer Videoleistung Geld verdienen. Der Fonds wird auf der Grundlage von Faktoren wie Videoaufrufen, Engagement und allgemeiner Beliebtheit unter den Erstellern verteilt. TikTok ermittelt den Geldbetrag, den jeder Ersteller verdient, mithilfe eines proprietären Algorithmus.

4. Umsatzgenerierung: Der Kreator Fund generiert Einnahmen hauptsächlich durch Werbung. Wenn Anzeigen auf oder um die Inhalte eines Erstellers geschaltet werden, geht ein Teil der durch diese Anzeigen generierten Einnahmen an den Ersteller. Je mehr Aufrufe und Engagement die Videos eines Erstellers erhalten, desto höher sind seine potenziellen Einnahmen.

5. Zahlungsstruktur: TikTok bezahlt YouTube auf der Grundlage eines CPM-Modells (Costa Per Thousand), bei dem YouTube für jeweils tausend Aufrufe ihrer Videos Geld verdienen. Die genaue Zahlungsstruktur variiert und kann von Faktoren wie dem geografischen Standort und den Anzeigenformaten abhängen. TikTok bezahlt Entwickler normalerweise monatlich.

6. Weitere Monetarisierungsmöglichkeiten: Neben dem Kreator Fund bietet TikTok

weitere Möglichkeiten für Kreator, ihre Inhalte zu Monetisieren. Dazu gehören Markenpartnerschaften, gesponserte Inhalte und Affiliierte-Marketing. YouTube kann mit Marken zusammenarbeiten, Produkte bewerben oder an Influenzier-Marketingkampagnen teilnehmen, um zusätzliches Einkommen zu erzielen.

7. Verdienstmöglichkeiten: Die Verdienstmöglichkeiten durch den Kreator Fund variieren stark und hängen von mehreren Faktoren ab, wie der Anzahl der Fühlloser, dem Video-Engagement und der Leistung von Anzeigen auf der Plattform. Es ist wichtig zu beachten, dass der Kreator Fund nur eine Möglichkeit ist, mit TikTok Geld zu verdienen, und dass YouTube zusätzliche Einnahmequellen erkunden können, um ihr Verdienstpotenzial zu maximieren.

8. Richtlinien und Best Practices: Ersteller sollten sich an die Community-Richtlinien und Inhaltsrichtlinien von TikTok halten, um weiterhin Anspruch auf den Kreator Fund zu haben. Die Erstellung hochwertiger, origineller und ansprechender Inhalte, die beim Publikum Anklang finden, ist für die Gewinnmaximierung und die Gewinnung von Markenkooperationen von entscheidender Bedeutung.

Es ist erwähnenswert, dass die Verfügbarkeit des TikTok Kreator Fund je nach Land variieren kann, da das Programm nicht in allen Regionen verfügbar ist. TikTok aktualisiert seine Richtlinien und Programme regelmäßig, daher sollten YouTube über alle Änderungen oder Aktualisierungen des Kreator Fund auf dem Laufenden bleiben, um ihre

Monetarisierungsmöglichkeiten auf der Plattform optimal nutzen zu können.

Anleitung zur Suche nach Markenpartnerschaften und Sponsoring

Die Suche nach Markenpartnerschaften und Sponsoring kann für TikTok-Ersteller eine wertvolle Möglichkeit sein, ihre Inhalte zu Monetisieren und mit Marken zusammenzuarbeiten. Hier sind einige Tipps, die Sie bei der Suche nach Markenpartnerschaften und Sponsoring unterstützen:

1. Definieren Sie Ihre Marke: Bevor Sie sich an Marken wenden, nehmen Sie sich die Zeit, Ihre persönliche Marke zu definieren und zu verstehen, was Sie auszeichnet. Identifizieren Sie Ihre Nische, Ihr einzigartiges Wertversprechen und Ihre Zielgruppe. Mit einer klaren Markenidentität können Sie leichter Marken finden, die zu Ihren Inhalten und Werten passen.

2. Präsentieren Sie Ihren Wert: Marken möchten mit Entwicklern zusammenarbeiten, die einen Mehrwert bieten und ihnen beim Erreichen ihrer Marketingziele helfen können. Heben Sie in Ihrem Pitch Ihre Engagement-Kennzahlen, die Zielgruppendemografie und frühere erfolgreiche Kooperationen hervor. Teilen Sie Erkenntnisse über die Interessen und das Kaufverhalten Ihrer Zielgruppe, um Ihren Einfluss und Ihre potenzielle Wirkung zu demonstrieren.

3. Recherchieren und zielen Sie auf relevante Marken ab: Recherchieren Sie Marken, die zu Ihrer Content-Nische und Ihren Werten passen. Suchen Sie nach Marken, die auf TikTok präsent sind oder sich aktiv an Influenzier-Marketingkampagnen beteiligen. Erwägen Sie die Produkte oder Dienstleistungen, die sich auf natürliche Weise in Ihre Inhalte integrieren lassen und bei Ihrem Publikum Anklang finden.

4. Interagieren Sie mit der Marke: Bevor Sie sich an eine Marke wenden, beschäftigen Sie sich mit deren Inhalten und zeigen Sie echtes Interesse an ihren Produkten oder Dienstleistungen. Ligen, kommentieren und teilen Sie ihre Beiträge, um eine Verbindung herzustellen. Dieses Engagement kann Ihnen dabei helfen, aus der Masse hervorzustechen, wenn Sie sich schließlich für eine Partnerschaft entscheiden.

5. Erstellen Sie einen überzeugenden Pitch: Wenn Sie sich an Marken wenden, erstellen Sie einen gut durchdachten und personalisierten Pitch. Stellen Sie sich vor, erklären Sie, warum Sie an einer Partnerschaft mit der Marke interessiert sind, und heben Sie hervor, wie Ihre Inhalte und Ihr Publikum mit der Zielgruppe übereinstimmen. Betonen Sie den einzigartigen Wert, den Sie in die Partnerschaft einbringen können.

6. Zeigen Sie Ihre Kreativität: Stellen Sie Ihre kreativen Fähigkeiten unter Beweis, indem Sie Ideen für die Zusammenarbeit präsentieren. Geben Sie Beispiele dafür, wie Sie sich die Integration der Marke in Ihre Inhalte auf authentische und ansprechende Weise

vorstellen. Zeigen Sie, dass Sie die Werte und Ziele der Marke verstehen, und schlagen Sie kreative Lösungen vor, die ihre Marketingziele erreichen können.

7. Professionalität und Kommunikation: Achten Sie bei der Kommunikation mit Marken auf einen professionellen Ansatz. Seien Sie in Ihrer Kommunikation reaktionsschnell, klar und prägnant. Legen Sie die Bedingungen der Partnerschaft klar dar, einschließlich der zu erbringenden Leistungen, des Zeitplans, der Vergütung und aller anderen relevanten Details.

8. Beziehungen aufbauen: Der Aufbau von Beziehungen zu Marken ist für langfristige Partnerschaften von entscheidender Bedeutung. Auch wenn eine Marke keine unmittelbare Chance hat, pflegen Sie eine positive Beziehung, indem Sie sich mit ihren Inhalten beschäftigen und regelmäßig Kontakt aufnehmen, um Updates über Ihr Wachstum und Ihre Erfolge zu teilen.

9. Fair verhandeln: Wenn es um Vergütung und Konditionen geht, seien Sie bereit zu verhandeln. Verstehen Sie Ihren Wert und das, was Sie einbringen, aber seien Sie auch offen für eine für beide Seiten vorteilhafte Vereinbarung. Seien Sie flexibel und berücksichtigen Sie Faktoren wie Ihre Zielgruppengröße, Engagement-Raten und das Budget der Marke.

10. Halten Sie Ihre Versprechen: Sobald Sie eine Markenpartnerschaft abgeschlossen haben, ist es von entscheidender Bedeutung, dass Sie Ihre Versprechen einhalten. Erstellen Sie hochwertige Inhalte, die den vereinbarten

Bedingungen entsprechen und die Integrität Ihrer persönlichen Marke wahren. Stellen Sie regelmäßige Updates bereit, halten Sie Fristen ein und kommunizieren Sie während der gesamten Partnerschaft offen.

Denken Sie daran, dass der Aufbau von Beziehungen zu Marken Zeit und Mühe erfordert. Seien Sie geduldig, erstellen Sie weiterhin wertvolle Inhalte und suchen Sie nach Möglichkeiten, die zu Ihrer Marke und Ihrem Publikum passen. Wenn Sie mehr Erfahrung und erfolgreiche Partnerschaften sammeln, wächst Ihr Ruf und es ergeben sich in der Zukunft mehr Möglichkeiten für die Zusammenarbeit mit Marken.

Entdecken Sie Möglichkeiten zum Verkauf von Waren und zur Nutzung anderer Einnahmequellen (z. B. Online-Kurse, Affiliierte-Marketing).

TikTok-Ersteller haben verschiedene Möglichkeiten, ihre Einnahmequellen über Markenpartnerschaften und Sponsoring hinaus zu diversifizieren. Hier sind einige mögliche Wege, die es zu erkunden gilt:

1. Warenverkauf: Das Erstellen und Verkaufen von Waren im Zusammenhang mit Ihrer persönlichen Marke kann eine lukrative Einnahmequelle sein. Dazu können Markenkleidung, Accessoires oder Waren mit

Ihrem Logo oder Schlagworten gehören. Nutzen Sie E-Commerce-Plattformen oder Print-on-Demand-Dienste, um Produktion, Auftragsabwicklung und Versand abzuwickeln.

2. Online-Kurse oder -Workshops: Wenn Sie über spezielle Kenntnisse oder Fähigkeiten verfügen, sollten Sie die Erstellung und den Verkauf von Online-Kursen oder -Workshops in Betracht ziehen. Plattformen wie Zudem, Teilhabe oder Skillshare bieten Tools zur Entwicklung und zum Verkauf von Bildungsinhalten. Nutzen Sie Ihr Fachwissen, um andere zu unterrichten und durch Kursanmeldungen Einnahmen zu generieren.

3. Affiliierte-Marketing: Durch die Teilnahme an Affiliierte-Marketing-Programmen können Sie eine Provision verdienen, indem Sie Produkte oder Dienstleistungen über nachverfolgbare Empfehlungslinks bewerben. Identifizieren Sie Produkte oder Dienstleistungen, die zu Ihren Inhalten und den Interessen Ihrer Zielgruppe passen. Bewerben Sie sie in Ihren Videos oder stellen Sie spezielle Produktbewertungen mit Affiliierte-Links in der Videobeschreibung bereit.

4. Livestreaming von Geschenken und Spenden: Mit der Livestreaming-Funktion von TikTok können Zuschauer während Ihrer Live-Übertragungen virtuelle Geschenke versenden oder spenden. Diese Geschenke können in virtuelle Münzen oder Diamanten umgewandelt werden, die Sie gegen echtes Bargeld eintauschen können. Interagieren Sie bei Live-Streams mit Ihrem Publikum, bieten Sie exklusive Inhalte oder Erlebnisse und

ermutigen Sie es, Sie durch Geschenke und Spenden zu unterstützen.

5. Gesponserte Inhalte und Produktplatzierungen: Zusätzlich zu herkömmlichen Markenpartnerschaften können Sie mit Marken über gesponserte Inhalte und Produktplatzierungen verhandeln. Dabei geht es darum, Produkte oder Dienstleistungen in Ihren TikTok-Videos gegen eine Vergütung vorzustellen oder zu unterstützen. Stellen Sie sicher, dass die gesponserten Inhalte zu Ihrer persönlichen Marke passen und bei Ihrem Publikum Anklang finden.

6. Patron oder Abonnementdienste: Plattformen wie Patron ermöglichen es YouTube, ihren treuen Fans gegen eine monatliche Abonnementgebühr exklusive Inhalte oder Erlebnisse anzubieten. Sie können Aufnahmen hinter den Kulissen, frühzeitigen Zugriff auf Videos, personalisierte Shoutouts oder exklusive Frage-und-Antwort-Runden bereitstellen. Dies bietet Ihren treuesten Followern die Möglichkeit, Sie finanziell zu unterstützen.

7. Gesponserte Veranstaltungen oder Treffen: Wenn Ihr Einfluss wächst, sollten Sie darüber nachdenken, gesponserte Veranstaltungen oder Treffen zu veranstalten, bei denen Fans persönlich mit Ihnen in Kontakt treten können. Marken könnten daran interessiert sein, mit Ihnen zusammenzuarbeiten, um solche Veranstaltungen zu sponsern, um eine zusätzliche Einnahmequelle zu schaffen und gleichzeitig eine tiefere Verbindung zu Ihrem Publikum herzustellen.

8. YouTube- und TikTok-Werbeeinnahmen: Wenn Sie auch Inhalte auf YouTube erstellen, sollten Sie in Betracht ziehen, dem YouTube-Partnerprogramm beizutreten, um Ihre Videos durch Werbeeinnahmen zu Monetisieren. Darüber hinaus beginnt TikTok in einigen Regionen mit der Einführung von Programmen zur Aufteilung der Werbeeinnahmen, die es YouTube ermöglichen, Geld mit der in ihren Videos gezeigten Werbung zu verdienen.

Stellen Sie bei der Erkundung dieser Einnahmequellen sicher, dass sie zu Ihrer persönlichen Marke passen und bei Ihrem Publikum Anklang finden. Streben Sie bei all Ihren Bemühungen nach Authentizität und Qualität, um Vertrauen und Engagement aufrechtzuerhalten. Experimentieren Sie mit verschiedenen Strategien, verfolgen Sie Ihre Ergebnisse und passen Sie sie an, je nachdem, was für Ihre spezifische Zielgruppe und Nische am besten funktioniert.

Abschnitt 6: Auf TikTok sicher und verantwortungsbewusst bleiben

Die Community-Richtlinien von TikTok und die Bedeutung ihrer Einhaltung.

TikTok verfügt über Community-Richtlinien, um seinen Benutzern ein sicheres, respektvolles und positives Umfeld zu gewährleisten. Die Einhaltung dieser Richtlinien ist von entscheidender Bedeutung, um eine gesunde Community aufrechtzuerhalten und mögliche Konsequenzen wie die Entfernung von Inhalten, die Sperrung von Konten oder dauerhafte Sperren zu vermeiden. Hier finden Sie eine Erklärung der Community-Richtlinien von TikTok und wie wichtig es ist, diese zu befolgen:

1. Sicherheit und Respekt: TikTok legt großen Wert auf die Sicherheit der Benutzer und erwartet von allen Benutzern, dass sie einander mit Respekt behandeln. Die Community-Richtlinien verbieten Belästigung, Mobbing, Hassreden und jede Form von schädlichem Verhalten. Es ist wichtig, Inhalte zu erstellen, die ein positives und integratives Umfeld fördern.

2. Angemessener Inhalt: TikTok hat spezifische Richtlinien in Bezug auf Nacktheit, sexuelle Inhalte, Gewalt und grafische Inhalte. Benutzer sollten es vermeiden, explizites oder gewalttätiges Material, einschließlich Hass rede, Selbstverletzung oder gefährliche Aktivitäten, zu veröffentlichen. Inhalte sollten für ein vielfältiges Publikum geeignet sein, darunter auch Kinder und Jugendliche.

3. Geistiges Eigentum: Die Community-Richtlinien von TikTok betonen die Bedeutung der Achtung der Rechte an geistigem Eigentum. Benutzer sollten keine Inhalte veröffentlichen, die Urheberrechte, Marken oder anderes geistiges Eigentum verletzen. Vermeiden Sie die Verwendung urheberrechtlich geschützter Musik oder die Einbindung anderer urheberrechtlich geschützter Materialien ohne entsprechende Genehmigung oder Lizenzierung.

4. Authentizität und Fehlinformationen: TikTok betont die Bedeutung von Authentizität und beugt der Verbreitung von Fehlinformationen vor. Benutzer sollten keine betrügerischen Praktiken anwenden, sich nicht als andere ausgeben oder Interaktionsmetriken manipulieren. Die Weitergabe korrekter Informationen und die Förderung wahrheitsgetreuer Inhalte tragen zur Glaubwürdigkeit und Vertrauenswürdigkeit der Plattform bei.
5. Kindersicherheit: TikTok legt großen Wert auf den Schutz der Privatsphäre und Sicherheit von Kindern. Nutzer sollten davon Abstand nehmen, Inhalte zu veröffentlichen, die Minderjährige ausbeuten oder gefährden. Darüber hinaus hat TikTok verschiedene Datenschutzeinstellungen und -funktionen implementiert, um die Sicherheit von Kindern zu erhöhen.
6. Community-Harmonie: TikTok ermutigt Benutzer, einen positiven Beitrag zur Community zu leisten und kein Verhalten an den Tag zu legen, das die Harmonie der Plattform stört. Dazu gehört die Vermeidung von Spam, übermäßiger Eigenwerbung oder der Beteiligung an Aktivitäten, die sich negativ auf das Benutzererlebnis auswirken könnten.

Die Einhaltung der Community-Richtlinien von TikTok ist aus mehreren Gründen von entscheidender Bedeutung:

1. Benutzersicherheit: Die Richtlinien priorisieren die Sicherheit und das Wohlbefinden der Benutzer und schaffen ein

sicheres und angenehmes Erlebnis für alle auf der Plattform. Das Befolgen dieser Richtlinien trägt dazu bei, eine positive und respektvolle Gemeinschaft zu fördern.

2. Kontoschutz: Ein Verstoß gegen die Community-Richtlinien kann zu Konsequenzen wie der Entfernung von Inhalten, vorübergehender Kontosperrung oder sogar dauerhaften Sperren führen. Die Einhaltung der Richtlinien schützt Ihr Konto vor diesen negativen Folgen.

3. Ruf und Vertrauen des Publikums: Durch die konsequente Erstellung von Inhalten, die den Community-Richtlinien entsprechen, können Sie einen positiven Ruf aufbauen und Vertrauen bei Ihrem Publikum aufbauen. Es zeigt, dass Sie ein verantwortungsbewusster Schöpfer sind, der die Werte und Erwartungen der TikTok-Community respektiert.

4. Langfristiger Erfolg: Indem Sie die Richtlinien befolgen, erhöhen Sie die Chancen, dass Ihre Inhalte ein breiteres Publikum erreichen und Interesse wecken. Der Algorithmus von TikTok bevorzugt Inhalte, die den Community-Richtlinien entsprechen, und fördert Inhalte von Erstellern, die einen positiven Beitrag zur Plattform leisten.

5. Kooperationsmöglichkeiten: Marken und potenzielle Kooperationspartner bewerten häufig die Inhalte und das Verhalten eines Erstellers auf TikTok, bevor sie Partnerschaften eingehen. Der Nachweis, dass Sie die Community-Richtlinien befolgen, positioniert Sie als verantwortungsbewussten und vertrauenswürdigen Schöpfer und öffnet

Türen für potenzielle Markenkooperationen und Sponsoring.

Denken Sie daran, die Community-Richtlinien von TikTok regelmäßig zu lesen, da diese möglicherweise aktualisiert werden, um sich an sich ändernde Bedürfnisse und Herausforderungen anzupassen. Indem Sie diese Richtlinien respektieren und befolgen, tragen Sie zu einer sicheren, positiven und florierenden TikTok-Community bei.

Tipps zum Schutz der Privatsphäre und persönlichen Daten auf TikTok.

Der Schutz Ihrer Privatsphäre und persönlichen Daten auf TikTok ist von entscheidender Bedeutung, um die Kontrolle über Ihre Online-Präsenz zu behalten. Hier sind einige Tipps, die Ihnen helfen, Ihre Privatsphäre bei der Nutzung der Plattform zu schützen:

1. Datenschutzeinstellungen überprüfen und anpassen: Nehmen Sie sich die Zeit, Ihre Datenschutzeinstellungen auf TikTok zu überprüfen und anzupassen. Gehen Sie zu Ihren Profileinstellungen und erkunden Sie Optionen wie Kontodatenschutz, Kommentarfilter und wer mit Ihren Inhalten interagieren kann. Passen Sie diese Einstellungen entsprechend Ihrem Komfortniveau und dem gewünschten Maß an Privatsphäre an.

2. Achten Sie auf persönliche Daten: Geben Sie vertrauliche persönliche Daten wie Ihren vollständigen Namen, Ihre Adresse,

Telefonnummer oder E-Mail-Adresse nicht öffentlich auf TikTok weiter. Seien Sie vorsichtig, wenn Sie Gespräche führen und persönliche Daten mit anderen teilen, da es schwierig ist, zu kontrollieren, wie diese Informationen verwendet werden.

3. Standortfreigabe verwalten: Erwägen Sie, die Standortfreigabefunktionen auf TikTok zu deaktivieren, da diese Ihren Aufenthaltsort anderen offenbaren können. Obwohl standortbezogene Inhalte ansprechend sein können, ist es wichtig, die potenziellen Risiken und Vorteile abzuschätzen, bevor Sie Ihren Standort öffentlich teilen.

4. Beschränken Sie die Sichtbarkeit des Publikums: Wenn Sie ein höheres Maß an Privatsphäre gewährleisten möchten, sollten Sie Ihr Konto auf „Privat" setzen. Auf diese Weise können nur zugelassene Fühlloser Ihre Inhalte sehen. Dadurch haben Sie mehr Kontrolle darüber, wer Ihre Videos sehen kann, und verringern das Risiko unerwünschter Interaktionen oder Datenschutzverletzungen.

5. Seien Sie wählerisch bei Followern: Seien Sie vorsichtig, wenn Sie Fühlloser akzeptieren und sich mit anderen auf TikTok vernetzen. Überprüfen Sie die Authentizität von Konten, bevor Sie mit ihnen in Kontakt treten, insbesondere wenn sie persönliche Informationen anfordern oder verdächtig erscheinen. Vermeiden Sie es, Anfragen von unbekannten oder fragwürdigen Quellen anzunehmen.

6. Erwägen Sie das Anbringen von Wasserzeichen oder Branding-Inhalten: Das

Hinzufügen eines Wasserzeichens oder Branding-Elements zu Ihren Inhalten kann dazu beitragen, Ihre Videos vor Missbrauch oder erneutem Hochladen ohne Erlaubnis zu schützen. Es verleiht Ihrer Arbeit eine zusätzliche Identifikationsebene und schreckt vor unbefugter Nutzung ab.

7. Melden Sie unangemessenes oder missbräuchliches Verhalten: Wenn Sie auf Inhalte, Kommentare oder Konten stoßen, die gegen die Community-Richtlinien von TikTok verstoßen oder bei denen Sie sich unwohl fühlen, melden Sie diese an TikTok. Die Plattform verfügt über Meldemechanismen, um unangemessenes oder missbräuchliches Verhalten zu bekämpfen.

8. Informieren Sie sich über die Richtlinien von TikTok: Machen Sie sich mit den Nutzungsbedingungen, Community-Richtlinien und Datenschutzrichtlinien von TikTok vertraut. Bleiben Sie über Aktualisierungen oder Änderungen dieser Richtlinien auf dem Laufenden. Wenn Sie die Regeln und Vorschriften der Plattform verstehen, können Sie fundierte Entscheidungen bezüglich Ihrer Privatsphäre und Inhalte treffen.

9. Bleiben Sie über Online-Sicherheit auf dem Laufenden: Informieren Sie sich über Best Practices für Online-Sicherheit und Datenschutz über TikTok hinaus. Erfahren Sie mehr über häufige Online-Betrügereien, Phishing-Versuche und Methoden zum Sammeln persönlicher Daten. Dieses Wissen hilft Ihnen, potenzielle Risiken zu erkennen und zu vermeiden.

10. Vertrauen Sie Ihren Instinkten: Wenn sich auf TikTok etwas komisch oder verdächtig anfühlt, vertrauen Sie Ihren Instinkten. Wenn eine Situation oder Interaktion Bedenken hinsichtlich Ihrer Privatsphäre oder persönlichen Sicherheit aufkommen lässt, ist es besser, auf Nummer sicher zu gehen und die notwendigen Maßnahmen zu ergreifen, um sich selbst zu schützen.

Denken Sie daran, dass keine Plattform vollständige Privatsphäre garantieren kann. Daher ist es wichtig, darauf zu achten, was Sie mit wem teilen. Durch die Umsetzung dieser Datenschutztipps können Sie Ihre Online-Sicherheit verbessern und ein sichereres TikTok-Erlebnis genießen.

Strategien zum Umgang mit Online-Hass, Cybermobbing und Negativität.

Der Umgang mit Online-Hass, Cybermobbing und Negativität kann eine Herausforderung sein, aber es gibt Strategien, mit denen Sie solche Situationen effektiv bewältigen können. Hier sind einige Strategien, die Ihnen helfen, mit Negativität auf TikTok klarzukommen und damit umzugehen:

1. Behalten Sie die Perspektive bei: Denken Sie daran, dass Online-Hass und Negativität häufig auf die persönlichen Probleme und Unsicherheiten anderer zurückzuführen sind. Versuchen Sie, es nicht persönlich zu nehmen

oder Ihr Selbstwertgefühl dadurch definieren zu lassen. Erinnern Sie sich daran, dass Sie selbst steuern können, wie Sie auf negative Kommentare oder Nachrichten reagieren.

2. Ignorieren und Blockieren: Manchmal ist die beste Reaktion auf Negativität, überhaupt nicht zu reagieren. Ignorieren Sie hasserfüllte Kommentare oder Nachrichten, die keinen konstruktiven Wert haben. Verwenden Sie die Funktionen zum Blockieren und Stummschalten, um weitere Interaktionen mit Personen zu verhindern, die sich ständig negativ verhalten.

3. Unangemessenes Verhalten melden: Wenn Sie auf Hass rede, Cybermobbing oder irgendeine Form von Belästigung stoßen, melden Sie dies an TikTok. Die Plattform verfügt über Mechanismen, um solche Probleme anzugehen und geeignete Maßnahmen gegen beleidigende Konten zu ergreifen.

4. Suchen Sie Unterstützung: Wenden Sie sich an Freunde, Familie oder Mitschöpfer, die Ihnen Unterstützung und Verständnis bieten können. Sie können in schwierigen Zeiten Perspektive, Rat oder einfach ein offenes Ohr bieten. Denken Sie daran, dass Sie nicht allein sind und andere möglicherweise ähnliche Herausforderungen erlebt haben.

5. Konzentrieren Sie sich auf positives Feedback: Wirken Sie Negativität entgegen, indem Sie sich auf positive Kommentare und Feedback Ihres Publikums konzentrieren. Schätzen Sie die Unterstützung und Ermutigung, die Sie erhalten. Bauen Sie eine unterstützende und engagierte Community auf, indem Sie mit denen interagieren, die Ihre Inhalte schätzen.

6. Üben Sie Selbstfürsorge: Negativität kann Ihr emotionales Wohlbefinden beeinträchtigen. Machen Sie bei Bedarf Pausen von den sozialen Medien, nehmen Sie an Aktivitäten teil, die Ihnen Freude bereiten, und legen Sie Wert auf Selbstfürsorge. Dazu kann es gehören, Sport zu treiben, zu meditieren, Zeit mit geliebten Menschen zu verbringen, Hobbys nachzugehen oder bei Bedarf professionelle Unterstützung in Anspruch zu nehmen.

7. Reagieren Sie mit Empathie oder Humor: Manchmal kann die Reaktion auf Negativität mit Freundlichkeit oder Humor Spannungen abbauen und weitere negative Interaktionen verhindern. Setzen Sie diese Strategie jedoch gezielt ein und stellen Sie sicher, dass sie mit Ihren persönlichen Grenzen und Werten übereinstimmt.

8. Beweise dokumentieren und aufbewahren: Wenn die Negativität zu Belästigung oder Cybermobbing eskaliert, dokumentieren Sie die Vorfälle, indem Sie Screenshots machen oder Beweise aufzeichnen. Diese Dokumentation kann nützlich sein, wenn Sie das Verhalten TikTok melden oder die Strafverfolgungsbehörden einschalten müssen.

9. Neuformulierung und Lernen aus konstruktiver Kritik: Unterscheiden Sie zwischen konstruktiver Kritik und unbegründeter Negativität. Obwohl es eine Herausforderung sein kann, versuchen Sie, aus echtem Feedback wertvolle Erkenntnisse zu gewinnen und diese zur Verbesserung Ihrer Inhalte zu nutzen. Nutzen Sie konstruktive

Kritik als Chance für Wachstum und
Entwicklung.
10. Umgeben Sie sich mit Positivität: Beteiligen
Sie sich an motivierenden Inhalten und
Schöpfern, die Sie inspirieren und motivieren.
Beteiligen Sie sich an unterstützenden
Communities oder arbeiten Sie mit
gleichgesinnten YouTube zusammen, die Ihre
Werte teilen. Sich mit Positivität zu umgeben,
kann die negativen Erfahrungen ausgleichen.

Denken Sie daran, dass Ihr geistiges und emotionales
Wohlbefinden immer Priorität haben sollte. Es ist in
Ordnung, Pausen einzulegen, Grenzen zu setzen und sich vor
Negativität zu schützen. Konzentrieren Sie sich darauf,
Inhalte zu erstellen, die bei Ihrem Publikum Anklang finden
und Ihnen Freude bereiten. Durch die Umsetzung dieser
Strategien können Sie Online-Hass und Negativität effektiver
bewältigen und eine positive Online-Präsenz aufrechterhalten.

Prozess der Meldung unangemessener Inhalte oder missbräuchlichen Verhaltens.

Wenn Sie auf TikTok auf unangemessene Inhalte stoßen oder
auf missbräuchliches Verhalten stoßen, ist es wichtig, dies der
Plattform zu melden. Die Berichterstattung trägt dazu bei, ein
sicheres und positives Umfeld für alle Benutzer
aufrechtzuerhalten. Hier ist eine Schritt-für-Schritt-Anleitung,
wie Sie unangemessene Inhalte oder missbräuchliches
Verhalten auf TikTok melden:

1. Identifizieren Sie den Inhalt oder das Konto:
Suchen Sie den spezifischen Inhalt oder das

Konto, von dem Sie glauben, dass er gegen die Community-Richtlinien oder Nutzungsbedingungen von TikTok verstößt. Notieren Sie sich den Benutzernamen, das Video, den Kommentar oder alle relevanten Details, die den Meldeprozess unterstützen.

2. Greifen Sie auf die Berichtsoptionen zu: Auf TikTok gibt es mehrere Möglichkeiten, auf die Berichtsoptionen zuzugreifen. Hier sind zwei gängige Methoden:

   o Für ein Video: Tippen Sie beim Ansehen des Videos auf das Teilen-Symbol (Pfeil zeigt nach rechts) und wählen Sie die Option „Melden".

   o Für ein Konto oder einen Kommentar: Gehen Sie zum Profil des Benutzers, tippen Sie auf die drei Punkte in der oberen rechten Ecke und wählen Sie die Option „Melden".

3. Wählen Sie den Grund für die Meldung aus: TikTok bietet mehrere Meldeoptionen, um die Art des Verstoßes zu kategorisieren. Zu den häufigsten Optionen gehören Belästigungen, Hass rede, Mobbing, Nacktheit, Gewalt oder die Verletzung geistigen Eigentums. Wählen Sie den am besten geeigneten Grund, der mit dem gemeldeten Inhalt oder Verhalten übereinstimmt.

4. Geben Sie zusätzliche Details an: TikTok fordert Sie möglicherweise auf, zusätzliche Details zum Bericht anzugeben. Geben Sie nach Möglichkeit konkrete Informationen zum Verstoß an, z. B. den spezifischen Kommentar oder Abschnitt des Videos, der problematisch ist. Je mehr Details Sie angeben können, desto besser kann TikTok die Situation einschätzen.

5. Senden Sie den Bericht: Nachdem Sie alle erforderlichen Details angegeben haben, überprüfen Sie Ihren Bericht, um sicherzustellen, dass er korrekt ist. Tippen Sie auf die Schaltfläche „Senden" oder „Melden", um den Bericht zur Überprüfung an das Moderationsteam von TikTok zu senden.
6. Optional: Benutzer blockieren oder stumm schalten: Wenn der unangemessene Inhalt oder das missbräuchliche Verhalten von einem bestimmten Benutzer stammt, können Sie ihn blockieren oder stumm schalten, um weitere Interaktionen oder die Offenlegung seines Inhalts zu verhindern. Dieser Schritt ist optional, kann jedoch hilfreich sein, um Ihren eigenen Komfort und Ihre Sicherheit zu gewährleisten.

Das Moderationsteam von TikTok wird den gemeldeten Inhalt oder das gemeldete Verhalten überprüfen und auf der Grundlage seiner Community-Richtlinien und -Richtlinien geeignete Maßnahmen ergreifen. Aufgrund der Menge an Meldungen kann es einige Zeit dauern, bis der Überprüfungsprozess abgeschlossen ist. Wenn der gemeldete Inhalt gegen die Richtlinien von TikTok verstößt, kann er entfernt werden und der Benutzer kann mit Konsequenzen wie Inhaltsbeschränkungen, Kontosperrung oder dauerhaften Sperren rechnen.

Denken Sie daran, dass die Meldung unangemessener Inhalte oder missbräuchlichen Verhaltens dazu beiträgt, eine sicherere Umgebung für TikTok-Benutzer zu schaffen. Indem Sie berichten, tragen Sie dazu bei, eine positive Community aufrechtzuerhalten und sicherzustellen, dass TikTok eine unterhaltsame Plattform für alle bleibt.

Seien Sie positive Vorbilder innerhalb der TikTok-Community.

1. Inspirieren und stärken Sie andere: Ihre TikTok-Inhalte können Zuschauer inspirieren und stärken. Indem Sie positive Botschaften teilen, Freundlichkeit zeigen oder wichtige soziale Themen hervorheben, können Sie andere dazu ermutigen, positive Maßnahmen zu ergreifen, Selbstvertrauen zu entwickeln und einen Unterschied in ihrem eigenen Leben und ihrer Gemeinschaft zu bewirken.

2. Fördern Sie eine unterstützende Community: Als positives Vorbild können Sie auf TikTok eine unterstützende und integrative Community fördern. Interagieren Sie mit Ihrem Publikum, antworten Sie auf Kommentare und schaffen Sie einen sicheren Raum für einen offenen Dialog. Ermutigen Sie andere, sich gegenseitig zu ermutigen, Vielfalt zu feiern und Positivität im Kommentarbereich zu verbreiten.

3. Fördern Sie Freundlichkeit und Respekt: Nutzen Sie Ihre Plattform, um Freundlichkeit und Respekt gegenüber anderen zu fördern. Behandle andere YouTube und Zuschauer mit Respekt, auch wenn du unterschiedlicher Meinung bist. Fördern Sie konstruktive Diskussionen, Empathie und Verständnis. Gehen Sie bei Ihren Interaktionen mit gutem Beispiel voran und betonen Sie die Bedeutung eines positiven Online-Verhaltens.

4. Bekämpfen Sie Cybermobbing und Negativität: Setzen Sie sich auf TikTok gegen Cybermobbing und Negativität ein. Melden Sie alle Fälle von Belästigung oder hasserfülltem Verhalten, auf die Sie stoßen, und

sprechen Sie sich dagegen aus. Unterstützen und erheben Sie diejenigen, die möglicherweise Negativität erleben, und ermutigen Sie andere, dasselbe zu tun.

5. Teilen Sie persönliches Wachstum und Herausforderungen: Transparenz und Verletzlichkeit können einen erheblichen Einfluss auf Ihr Publikum haben. Teilen Sie Ihre persönliche Wachstumsreise, heben Sie die Herausforderungen hervor, die Sie gemeistert haben, und geben Sie Einblicke in die Entwicklung Ihrer Resi Lienz. Auf diese Weise inspirieren Sie andere dazu, ihre eigenen Wege der Selbstverbesserung und Selbstakzeptanz anzugehen.

6. Verbreiten Sie Positivität und Humor: TikTok ist für seine unterhaltsamen und unbeschwerten Inhalte bekannt. Nutzen Sie Ihre Kreativität, um durch Ihre Videos Freude, Lachen und Positivität zu verbreiten. Nutzen Sie die Kraft des Humors, um jemandem den Tag zu verschönern und eine positive Wirkung innerhalb der Community zu erzielen.

7. Unterstützen Sie kleine YouTube: Fördern Sie kleinere YouTube, die gerade erst mit ihrer TikTok-Reise beginnen, und unterstützen Sie sie. Arbeiten Sie mit ihnen zusammen, loben Sie sie oder beschäftigen Sie sich mit ihren Inhalten. Durch die Förderung einer Kultur der Unterstützung und Ermutigung tragen Sie zum Wachstum und Erfolg der gesamten Gemeinschaft bei.

8. Bleiben Sie informiert und informieren Sie sich: Bleiben Sie über wichtige gesellschaftliche Themen, aktuelle Ereignisse und Trends auf dem Laufenden. Nutzen Sie Ihre Plattform, um über Anliegen, die Ihnen am Herzen liegen, aufzuklären und das Bewusstsein dafür zu schärfen. Fördern Sie kritisches Denken, fördern Sie Exklusivität und beteiligen Sie

sich an sinnvollen Gesprächen, die positive Veränderungen vorantreiben können.

9. Üben Sie Selbstreflexion und Wachstum: Reflektieren Sie kontinuierlich Ihr eigenes Verhalten und Ihre eigenen Inhalte. Streben Sie nach persönlichem Wachstum, lernen Sie aus Ihren Fehlern und passen Sie Ihren Ansatz bei Bedarf an. Wenn Sie offen für Feedback und Selbstverbesserung sind, können Sie mit der Zeit ein noch positiveres Vorbild werden.

10. Mit gutem Beispiel vorangehen: Letztendlich besteht der effektivste Weg, ein positives Vorbild zu sein, darin, mit gutem Beispiel voranzugehen. Seien Sie konsequent in Ihren Werten, Ihrer Authentizität und Ihrer Positivität. Zeigen Sie Integrität, Empathie und Exklusivität in Ihren Handlungen sowohl auf als auch außerhalb von TikTok.

Indem Sie diese Prinzipien annehmen und aktiv Positivität verkörpern, können Sie einen nachhaltigen Einfluss auf die TikTok-Community haben. Denken Sie daran, dass Ihr Einfluss als Vorbild über die Leinwand hinausgeht. Nutzen Sie Ihre Plattform mit Bedacht und inspirieren Sie andere, ihr Bestes zu geben.

Fazit: Begrüßen Sie Ihre TikTok-Reise

Wenn Sie diesen ultimativen Leitfaden zu TikTok abschließen, ist es wichtig, sich daran zu erinnern, dass TikTok eine Plattform für Kreativität, Selbstdarstellung und Verbindung ist. Nehmen Sie Ihre TikTok-Reise an und nutzen Sie die Möglichkeiten, die sie bietet. Hier sind einige abschließende Gedanken, die Sie inspirieren und motivieren sollen:

Bleiben Sie sich selbst treu: Authentizität ist der Schlüssel zu *TikTok. Umarmen Sie Ihre einzigartige Stimme, Leidenschaften und Talente. Haben Sie keine Angst davor, Sie selbst zu sein und Ihre Perspektive mit der Welt zu teilen. Ihre authentischen Inhalte werden bei anderen Anklang finden und Ihnen helfen, eine engagierte Fangemeinde aufzubauen.*

Kreativität annehmen: TikTok ist eine Plattform, die von Kreativität lebt. Entdecken Sie verschiedene Formate, experimentieren Sie mit Bearbeitungstools und Effekten und erweitern Sie die Grenzen Ihrer Inhalte. Nutzen Sie Ihre kreative Seite und lassen Sie sie in Ihren Videos durchscheinen.

Kontinuierlich lernen und weiterentwickeln: TikTok entwickelt sich ständig weiter und es entstehen ständig neue Trends, Funktionen und Strategien. Bleiben Sie offen für Lernen und Anpassung. Bleiben Sie über die neuesten Trends auf dem Laufenden, treten Sie mit der Community in Kontakt und lassen Sie sich von anderen YouTube inspirieren. Nehmen Sie Wachstum an und verbessern Sie kontinuierlich Ihre Fähigkeiten.

Bauen Sie echte Verbindungen auf: TikTok ist eine soziale Plattform. Unterschätzen Sie also nicht die Kraft, Verbindungen aufzubauen. Interagieren Sie mit Ihrem Publikum, antworten Sie auf Kommentare und nehmen Sie an Community-Herausforderungen teil. Pflegen Sie sinnvolle Beziehungen zu anderen Kreativen und arbeiten Sie wann immer möglich zusammen. Der Aufbau eines unterstützenden Netzwerks kann Ihr TikTok-Erlebnis verbessern und Türen für neue Möglichkeiten öffnen.

Nehmen Sie Herausforderungen an und gehen Sie Risiken ein: TikTok belohnt Kreativität und Innovation. Haben Sie keine Angst davor, Herausforderungen anzunehmen, neue Ideen auszuprobieren und Ihre Komfortzone zu verlassen. Nutzen Sie die Gelegenheit, sich kreativ weiterzuentwickeln und neue Möglichkeiten zu entdecken.

Feiern Sie Vielfalt und Exklusivität: TikTok ist eine globale Plattform mit einer vielfältigen Nutzerbasis. Feiern und begrüßen Sie die Vielfalt der Stimmen, Kulturen und Perspektiven, die es auf TikTok gibt. Seien Sie in Ihren Inhalten integrativ, interagieren Sie mit YouTube mit unterschiedlichem Hintergrund und nutzen Sie Ihre Plattform, um Verständnis und Einheit zu fördern.

Denken Sie daran, welche Wirkung Sie erzielen können: TikTok hat die Macht, Millionen von Menschen weltweit zu erreichen. Erkennen Sie, welchen Einfluss Ihre Inhalte auf andere haben können. Ob es darum geht, Positivität zu verbreiten, das Bewusstsein zu schärfen oder Veränderungen anzuregen, Ihre TikTok-Reise kann das Leben der Menschen verändern.

Genießen Sie den Prozess: Genießen Sie vor allem den Prozess des Erstellens und Teilens von Inhalten auf TikTok. Haben Sie Spaß, genießen Sie die Freude an der Kreativität und nehmen Sie sich selbst nicht zu ernst. TikTok ist eine Plattform, die es Ihnen ermöglicht, sich auszudrücken, mit anderen in Kontakt zu treten und Menschen ein Lächeln ins Gesicht zu zaubern. Umfassen Sie die Freude und lassen Sie sie in Ihren Videos durchscheinen.

Denken Sie daran, dass Ihre TikTok-Reise einzigartig für Sie ist. Nehmen Sie die Höhen und Tiefen an, lernen Sie aus den Erfahrungen und wachsen Sie als Schöpfer weiter. Bleiben

Sie auf Ihrer TikTok-Reise sich selbst treu, verbreiten Sie Positivität und hinterlassen Sie einen bleibenden Eindruck in der lebendigen TikTok-Community. Viel Spaß beim Erstellen!

Die wichtigsten Punkte, die im gesamten E-Book behandelt werden

In diesem E-Book haben wir verschiedene Aspekte von TikTok behandelt und Anleitungen gegeben, wie Sie ein erfolgreicher TikTok-Ersteller werden. Hier finden Sie eine Zusammenfassung der wichtigsten behandelten Punkte:

1. TikTok verstehen: Wir haben den Zweck von TikTok, seine Zielgruppe und seine Hauptfunktionen erklärt.
2. Erstellen eines TikTok-Kontos: Wir haben eine Schritt-für-Schritt-Anleitung zum Erstellen eines TikTok-Kontos und zur Optimierung Ihres Profils bereitgestellt.
3. Navigieren in der App: Wir führten die Leser durch die Benutzeroberfläche der TikTok-App, einschließlich des Home-Feeds, der Entdeckungsseite und der Erkundungsfunktionen.
4. Erkundung der TikTok-Funktionen: Wir haben verschiedene Funktionen wie Filter, Effekte, Übergänge und die auf TikTok verfügbaren Bearbeitungstools untersucht.
5. Identifizieren Sie Ihre Nische und Zielgruppe: Wir haben Leser dabei unterstützt, ihre Nische zu finden und ihre Zielgruppe zu definieren, um Inhalte zu erstellen, die Anklang finden.

6. Kreative Ideen generieren: Wir haben Tipps und Strategien zur Generierung kreativer Ideen für TikTok-Inhalte angeboten, einschließlich Trends, Herausforderungen und Brainstorming-Techniken.
7. Auswahl des richtigen Videoformats: Wir haben verschiedene Videoformate auf TikTok erklärt und erklärt, wie man das passende Format für bestimmte Inhalte auswählt.
8. Verbessern von Videos mit Bearbeitungstools: Wir haben die Bearbeitungstools und -effekte von TikTok besprochen, um die Qualität und visuelle Attraktivität von Videos zu verbessern.
9. Bleiben Sie über Trends auf dem Laufenden: Wir haben Anleitungen gegeben, wie Sie über beliebte TikTok-Trends auf dem Laufenden bleiben und effektiv daran teilnehmen können.
10. Definieren von Markenidentität und -werten: Wir haben die Leser dabei unterstützt, ihre TikTok-Markenidentität und -Werte zu definieren und ihrem Publikum ein einheitliches Image zu präsentieren.
11. Authentizität und Persönlichkeit zur Schau stellen: Wir haben die Bedeutung von Authentizität und Persönlichkeit in TikTok-Inhalten hervorgehoben und Tipps für deren Darstellung gegeben.
12. Einen konsistenten visuellen Stil entwickeln: Wir haben Tipps zum Erstellen eines konsistenten visuellen Stils und einer einheitlichen Ästhetik für ein TikTok-Profil gegeben.
13. Erstellen ansprechender Bildunterschriften und Hastiges: Wir haben Tipps zum Verfassen ansprechender Bildunterschriften und zum

Verwenden effektiver Hastiges gegeben, um die Auffindbarkeit zu erhöhen.

14. Zusammenarbeit mit anderen Erstellern: Wir haben die Duett- und Stich-Funktionen von TikTok für die Zusammenarbeit und Interaktion mit anderen Erstellern untersucht.
15. Optimierung von Inhalten für maximale Sichtbarkeit: Wir haben erklärt, wie der TikTok-Algorithmus funktioniert, und Strategien zur Optimierung von Inhalten zur Erhöhung der Sichtbarkeit bereitgestellt.
16. Erstellen eines ansprechenden Profils: Wir haben die Leser dabei unterstützt, ein ansprechendes TikTok-Profil zu erstellen, das Fühlloser anzieht.
17. Interaktion mit der TikTok-Community: Wir haben Strategien für die Interaktion mit der TikTok-Community durch Kommentare, Kooperationen und Herausforderungen angeboten.
18. Zusammenarbeit mit anderen Erstellern: Wir haben Tipps für die Zusammenarbeit mit anderen TikTok-Erstellern gegeben, um die Reichweite zu vergrößern und ansprechende Inhalte zu erstellen.
19. Cross-Promotion auf anderen Plattformen: Wir haben Cross-Promotion auf anderen Sozial-Media-Plattformen untersucht, um die Followerzahl von TikTok zu erhöhen.
20. Personal Branding: Wir haben das Konzept des Personal Branding erklärt und wie es auf TikTok anwendbar ist.
21. Mit TikTok Geld verdienen: Wir haben über den Kreator Fund von TikTok gesprochen und darüber, wie YouTube damit Geld verdienen können.

22. Suche nach Markenpartnerschaften und Sponsoring: Wir haben Ratschläge zur Suche nach Markenpartnerschaften und Sponsoring als TikTok-Ersteller gegeben.
23. Einnahmequellen nutzen: Wir haben Möglichkeiten für den Verkauf von Waren und die Nutzung anderer Einnahmequellen wie Online-Kurse und Affiliierte-Marketing untersucht.
24. Einhaltung der Community-Richtlinien: Wir haben die Community-Richtlinien von TikTok und die Bedeutung ihrer Einhaltung erklärt.
25. Schutz der Privatsphäre und personenbezogener Daten: Wir haben Tipps zum Schutz der Privatsphäre und personenbezogener Daten auf TikTok gegeben.
26. Umgang mit Online-Hass und Negativität: Wir haben Strategien für den Umgang mit Online-Hass, Cybermobbing und Negativität angeboten.
27. Unangemessene Inhalte oder Verhaltensweisen melden: Wir haben den Prozess der Meldung unangemessener Inhalte oder missbräuchlichen Verhaltens auf TikTok erklärt.
28. Reise anzunehmen , sich selbst treu zu bleiben und den kreativen Prozess zu genießen.

Unser Ziel in diesem E-Book war es, den Lesern eine umfassende Anleitung zu TikTok zu bieten, von der Erstellung eines Kontos bis zum Aufbau einer erfolgreichen Präsenz auf der Plattform. Durch Befolgen der beschriebenen Tipps und Strategien können Leser sich effektiv in TikTok zurechtfinden, mit der Community interagieren und Inhalte erstellen, die bei ihrem Publikum Anklang finden.

Setzen Sie die bereitgestellten Strategien und Tipps um

Am Ende dieses ultimativen Leitfadens zu TikTok möchte ich betonen, wie wichtig es ist, die bereitgestellten Strategien und Tipps umzusetzen. Wissen allein reicht nicht aus, um auf TikTok erfolgreich zu sein. Aktion ist der Schlüssel. Deshalb sollten Sie den nächsten Schritt machen und diese Strategien in die Praxis umsetzen:

1. Schöpfen Sie Ihr Potenzial aus: Durch die Umsetzung der in diesem Leitfaden vorgestellten Strategien und Tipps haben Sie die Möglichkeit, Ihr volles Potenzial als TikTok-Ersteller auszuschöpfen. Es reicht nicht aus, Informationen passiv zu konsumieren. Werden Sie aktiv und wenden Sie das Gelernte an, um echte Ergebnisse zu erzielen.

2. Heben Sie sich von der Masse ab: TikTok ist eine hart umkämpfte Plattform, auf der Millionen von YouTube um Aufmerksamkeit wetteifern. Durch die Umsetzung der bereitgestellten Strategien und Tipps können Sie sich von der Masse abheben. Erkennen Sie Ihre Einzigartigkeit, finden Sie Ihre Nische und erstellen Sie Inhalte , die Ihre Zielgruppe fesseln und ansprechen.

3. Lernen und anpassen: TikTok entwickelt sich ständig weiter und Trends kommen und gehen. Durch die Umsetzung der Strategien und die aktive Auseinandersetzung mit der Plattform erfahren Sie mehr über die Dynamik von

TikTok und verstehen, was für Sie am besten funktioniert. Seien Sie offen für Experimente, verfolgen Sie Ihre Fortschritte und passen Sie Ihren Ansatz nach Bedarf an.

4. Bauen Sie eine starke Community auf: Bei TikTok geht es nicht nur darum, Fühlloser zu gewinnen; Es geht darum, eine Gemeinschaft engagierter und treuer Unterstützer aufzubauen. Durch die Umsetzung der in diesem Leitfaden beschriebenen Strategien können Sie sinnvolle Verbindungen herstellen, mit Ihrem Publikum interagieren und eine Community aufbauen, die Ihre Inhalte wertschätzt und unterstützt.

5. Chancen nutzen: TikTok bietet zahlreiche Möglichkeiten für Wachstum, Zusammenarbeit und sogar Monetisierung. Durch die Umsetzung der bereitgestellten Strategien und Tipps sind Sie in der Lage, diese sich bietenden Chancen zu nutzen. Ganz gleich, ob es um die Teilnahme an Trends, die Zusammenarbeit mit anderen Kreativen oder die Suche nach Markenpartnerschaften geht: Handeln ist unerlässlich.

6. Herausforderungen meistern: TikTok bringt, wie jedes kreative Unterfangen, eine Menge Herausforderungen mit sich. Durch die Umsetzung der Strategien und Tipps in diesem Leitfaden sind Sie jedoch besser für die Bewältigung dieser Herausforderungen gerüstet. Denken Sie daran, dass Ausdauer und Beständigkeit der Schlüssel zum langfristigen Erfolg sind.

7. Umfassen Sie Wachstum und Verbesserung: TikTok ist eine Plattform für persönliches und kreatives Wachstum. Durch die Umsetzung

der bereitgestellten Strategien und Tipps bekennen Sie sich zu Ihrem eigenen Wachstumskurs. Nehmen Sie Feedback an, lernen Sie aus Ihren Erfahrungen und streben Sie kontinuierlich danach, Ihre Inhalte und Fähigkeiten zu verbessern.

8. Machen Sie eine Wirkung: TikTok hat eine globale Reichweite und das Potenzial, einen positiven Einfluss auf andere zu haben. Durch die Umsetzung der Strategien und Tipps in diesem Leitfaden können Sie Inhalte erstellen, die inspirieren, aufklären, unterhalten oder das Bewusstsein für wichtige Themen schärfen. Ihre Handlungen haben die Macht, das Leben Ihres Publikums zu beeinflussen und einen Unterschied zu machen.

Denken Sie daran: Der Erfolg auf TikTok stellt sich nicht über Nacht ein. Es erfordert Engagement, Beständigkeit und die Bereitschaft zu lernen und sich anzupassen. Machen Sie also den nächsten Schritt, setzen Sie die bereitgestellten Strategien und Tipps um und begeben Sie sich mit Zuversicht und Spannung auf Ihre TikTok-Reise. Nehmen Sie die Herausforderungen an, feiern Sie Ihre Erfolge und genießen Sie den Prozess des Erstellens und Teilens von Inhalten auf einer der dynamischsten Plattformen unserer Zeit.

Zu Beginn Ihrer TikTok-Reise möchte ich Ihnen eine letzte Portion Inspiration und Ermutigung mitgeben. Denken Sie daran, TikTok ist eine Plattform, die Kreativität, Selbstdarstellung und Individualität feiert. Deshalb sollten Sie Ihrer Kreativität freien Lauf lassen, das TikTok-Erlebnis genießen und nach Erfolg streben:

1. Entfesseln Sie Ihr kreatives Potenzial: TikTok ist eine Leinwand für Ihre Fantasie. Es ist ein Ort, an dem Sie Ihrer Kreativität freien Lauf lassen, neue Ideen erkunden und Ihre einzigartigen Talente präsentieren können. Lassen Sie Ihrer Kreativität freien Lauf und nutzen Sie sie, um Inhalte zu erstellen, die widerspiegeln, wer Sie sind und wofür Sie leidenschaftlich sind.
2. Finden Sie Freude im Prozess: Bei TikTok geht es nicht nur um das Endergebnis; es geht um die Reise selbst. Genießen Sie den Prozess des Brainstormings von Ideen, des Filmens von Videos und der Bearbeitung Ihrer Inhalte. Erleben Sie die Freude am Schaffen und die Zufriedenheit, wenn Ihre Ideen zum Leben erweckt werden. Vergessen Sie nicht, unterwegs Spaß zu haben!
3. Umfassen Sie Ihre Authentizität: TikTok ist eine Plattform, die Authentizität über alles schätzt. Umfassen Sie Ihr wahres Selbst und lassen Sie Ihre Persönlichkeit in Ihren Videos durchscheinen. Haben Sie keine Angst davor, verletzlich zu sein, teilen Sie Ihre Erfahrungen und treten Sie auf einer echten Ebene mit anderen in Kontakt. Ihre Authentizität wird bei Ihrem Publikum Anklang finden und eine treue Anhängerschaft schaffen.
4. Lernen, wachsen und sich weiterentwickeln: TikTok ist eine dynamische Plattform, die sich ständig weiterentwickelt. Nutzen Sie die Gelegenheit, neue Fähigkeiten zu erlernen, mit verschiedenen Formaten zu experimentieren und sich an die neuesten Trends anzupassen. Nehmen Sie das Wachstum an und sehen Sie jedes Video als Gelegenheit, Ihr Handwerk zu

verbessern und zu verfeinern. Mit jedem Video haben Sie die Chance, eine bessere YouTube zu werden.

5. Vernetzen Sie sich mit einer globalen Community: TikTok verbindet Menschen aus der ganzen Welt und schafft so eine lebendige und vielfältige Community. Nutzen Sie die Gelegenheit, mit gleichgesinnten YouTube in Kontakt zu treten, Ideen auszutauschen und von anderen zu lernen. Interagieren Sie mit Ihrem Publikum, reagieren Sie auf Kommentare und bauen Sie sinnvolle Verbindungen auf, die über die Plattform hinaus Bestand haben.

6. Streben nach Erfolg: TikTok ist zwar eine Plattform für Kreativität und Selbstdarstellung, aber auch ein Ort, an dem Sie Erfolg haben können. Setzen Sie sich Ziele, sei es das Erreichen einer bestimmten Anzahl von Followern, die Erstellung viraler Inhalte oder die Zusammenarbeit mit anderen Erstellern. Streben Sie nach Erfolg, aber denken Sie daran, dass es nicht nur um Zahlen geht. Beim Erfolg kommt es auch auf die Wirkung an, die Sie erzielen, und auf die Verbindungen, die Sie aufbauen.

7. Bleiben Sie beharrlich und konsistent: Der Aufbau einer TikTok-Präsenz erfordert Zeit und Mühe. Bleiben Sie beharrlich in Ihrem Streben nach Erfolg, auch wenn Sie mit Herausforderungen oder Rückschlägen konfrontiert werden. Seien Sie bei der Erstellung Ihrer Inhalte konsequent und veröffentlichen Sie regelmäßig Beiträge, um die Dynamik aufrechtzuerhalten und Ihr

Publikum anzusprechen. Erfolg auf TikTok ist oft das Ergebnis von Hingabe und Ausdauer.

8. Genießen Sie die Reise: Letztendlich ist TikTok eine Gelegenheit, sich auszudrücken, Ihre Leidenschaften zu teilen und mit anderen in Kontakt zu treten, die Ihre einzigartige Perspektive schätzen. Nehmen Sie die Reise an, genießen Sie jeden Moment und genießen Sie die Erfahrung, Teil der lebendigen TikTok-Community zu sein. Genießen Sie die Freude, das Lachen und die Inspiration, die TikTok zu bieten hat.

Lassen Sie also Ihrer Kreativität freien Lauf, genießen Sie das TikTok-Erlebnis und streben Sie nach Erfolg. Nutzen Sie die Plattform als Raum für Selbstdarstellung, Verbindung und persönliches Wachstum. Denken Sie daran, dass Ihre einzigartige Stimme und Ihr kreativer Geist die Kraft haben, etwas zu bewirken. Ergreifen Sie die Möglichkeiten, glauben Sie an sich selbst und lassen Sie Ihre TikTok-Reise mit Spannung und Begeisterung voranschreiten. Viel Spaß beim Erstellen!

Herzlichen Glückwunsch zum Abschluss dieses ultimativen Leitfadens zu TikTok! Sie verfügen nun über eine Fülle von Kenntnissen und Strategien, die Sie zum Erfolg auf der Plattform führen. Am Ende dieses Buches möchte ich Ihnen eine letzte Nachricht hinterlassen.

Denken Sie daran, TikTok ist nicht nur eine Plattform; Es ist eine Gemeinschaft von Schöpfern, Träumern und Innovatoren. Es ist ein Ort, an dem Sie Ihre einzigartigen Talente präsentieren, Ihre Stimme teilen und andere inspirieren können. Nutzen Sie die Kraft Ihrer Kreativität und lassen Sie sie durch Ihre Inhalte strahlen.

Behalten Sie bei der Fortsetzung Ihrer TikTok-Reise die folgenden Grundprinzipien im Hinterkopf: Authentizität, Beständigkeit und Engagement. Bleiben Sie sich selbst treu, seien Sie konsequent bei der Erstellung Ihrer Inhalte und interagieren Sie aktiv mit Ihrem Publikum. Denken Sie daran: Die erfolgreichsten TikTok-Ersteller sind diejenigen, die eine echte Bindung zu ihren Zuschauern aufbauen.

Erleben Sie die Freude am Schaffen, den Nervenkitzel beim Entdecken neuer Trends und die Befriedigung, wenn Ihre Inhalte bei anderen Anklang finden. Seien Sie offen für Lernen und Weiterentwicklung, denn TikTok verändert sich ständig. Passen Sie sich an neue Funktionen an, experimentieren Sie mit verschiedenen Formaten und verfeinern Sie Ihr Handwerk weiter.

Haben Sie keine Angst, Ihre Komfortzone zu verlassen und Risiken einzugehen. Wenn man seine Grenzen überschreitet und sich neuen Herausforderungen stellt, entstehen oft großartige Dinge. Denken Sie daran, dass Wachstum außerhalb Ihrer Komfortzone stattfindet.

Gehen Sie schließlich immer mit einer positiven Einstellung an TikTok heran. Nutzen Sie diese Plattform als Kraft des Guten und verbreiten Sie Freundlichkeit, Inspiration und Positivität. Seien Sie ein positives Vorbild innerhalb der TikTok-Community und nutzen Sie Ihren Einfluss, um das Leben anderer zu verändern.

Jetzt ist es an der Zeit, alles, was Sie gelernt haben, in die Tat umzusetzen. Lassen Sie Ihrer Kreativität freien Lauf, genießen Sie den Prozess und streben Sie nach Erfolg. Glauben Sie an sich selbst und Ihre Fähigkeit, etwas zu bewirken . Machen Sie den ersten Schritt, erstellen Sie fantastische Inhalte und lassen Sie die TikTok-Community von Ihrem Talent fesseln.

Vielen Dank, dass Sie mich auf dieser TikTok-Reise begleitet haben. Ich wünsche Ihnen viel Glück, unglaubliche Erlebnisse und endlose Inspiration. Denken Sie daran, dass die Möglichkeiten auf TikTok endlos sind, also machen Sie sich auf den Weg und prägen Sie die Welt.

Viel Spaß beim Tikk Token!

von: Denis Topoljak

Epilog:

Wenn wir die letzten Seiten dieser TikTok-Reise erreichen, ist es an der Zeit, über die unglaublichen Momente, die gewonnenen Erkenntnisse und das Wachstum nachzudenken, das in Ihnen stattgefunden hat. Sie haben sich mit Neugier und dem Wunsch, Ihr TikTok-Potenzial auszuschöpfen, auf dieses Abenteuer eingelassen und stehen nun an der Schwelle der Transformation.

In diesem Buch haben wir die Feinheiten von TikTok untersucht, von seinem Zweck und seinen Hauptfunktionen bis hin zu den Strategien und Tipps für den Erfolg. Wir haben uns mit der Kunst der Inhaltserstellung, der Kraft der Authentizität und der Bedeutung der Gemeinschaft befasst. Wir haben die Herausforderungen gemeistert, die Siege gefeiert und die verborgenen Schätze entdeckt, die TikTok zu dem kulturellen Phänomen machen, das es heute ist.

Aber jenseits der Techniken und Taktiken liegt etwas viel Tieferes – eine unbestreitbare Wahrheit. TikTok ist nicht nur eine Plattform; Es ist ein Spiegelbild unserer kollektiven Kreativität, Widerstandsfähigkeit und unserer gemeinsamen Menschlichkeit. Es ist ein Ort, an dem Träume geboren, Leidenschaften verfolgt und Verbindungen über Grenzen hinweg geknüpft werden.

Denken Sie beim Schließen dieses Buches daran, dass die Reise hier nicht endet. TikTok ist ein dynamisches, sich ständig weiterentwickelndes Universum und Ihre Rolle darin ist noch lange nicht vorbei. Tragen Sie das Wissen, das Sie gewonnen haben, die Erkenntnisse, die Sie gewonnen haben, und die Erfahrungen, die Sie wertgeschätzt haben, während Sie weiter erforschen, kreieren und Kontakte knüpfen.

Nutzen Sie die Kraft Ihrer Stimme, denn sie hat die Fähigkeit, Herzen zu inspirieren, zu unterhalten und zu berühren. Bleiben Sie Ihren Werten und Ihrer Authentizität treu, denn das ist es, was Sie in einem Meer von Stimmen auszeichnet. Engagieren Sie sich mit der TikTok-Community, arbeiten Sie zusammen und fördern Sie andere YouTube, denn gemeinsam können wir eine digitale Landschaft schaffen, die unterstützend, inklusiv und stärkend ist.

Denken Sie daran, dass Erfolg auf TikTok nicht nur an Zahlen gemessen wird, sondern auch an der Wirkung, die Sie auf andere haben, an dem Lächeln, das Sie entfachen, und an den Verbindungen, die Sie knüpfen. Es ist die Freude am Schaffen, der Nervenkitzel beim Entdecken und die Befriedigung, zu wissen, dass Ihre Kreativität die Kraft hat, etwas zu bewirken.

Nehmen Sie sich am Ende des letzten Kapitels einen Moment Zeit, um zu feiern, wie weit Sie gekommen sind. Sie haben Ihre Fähigkeiten verfeinert, Ihre Marke entwickelt und sich mit einer unglaublichen Gemeinschaft von Gleichgesinnten verbunden. Die TikTok-Welt hat Ihr Wachstum miterlebt und wartet gespannt auf das, was vor Ihnen liegt.

Also, mein Freund, gehen Sie mit Zuversicht, Neugier und einem unerschütterlichen Glauben an Ihre einzigartigen Talente voran. Nehmen Sie die aufregende Reise an, die vor Ihnen liegt. Trauen Sie sich, große Träume zu haben, wagen Sie es, Risiken einzugehen und seien Sie authentisch.

Vielen Dank, dass Sie sich uns bei diesem TikTok-Abenteuer angeschlossen haben. Möge Ihre Kreativität weiterhin hell erstrahlen, Ihre Stimme die Herzen vieler erreichen und Ihre TikTok-Reise voller endloser Inspiration, Wachstum und Freude sein.

Das ist nicht das Ende; es ist erst der Anfang. Sie können die Welt von TikTok erkunden, erschaffen und erobern. Nutzen Sie den Moment, setzen Sie Akzente und lassen Sie Ihre TikTok-Geschichte sich entfalten.

Bis wir uns auf der digitalen Bühne wiedersehen, viel Spaß beim TikToking!

Danksagungen:

Ich möchte mir einen Moment Zeit nehmen, um allen, die zur
Entstehung dieses Buches beigetragen haben, meinen
herzlichen Dank auszudrücken. Ihre Unterstützung, Anleitung
und Inspiration waren von unschätzbarem Wert und ich bin
wirklich dankbar für ihre Anwesenheit auf meiner Reise.

Zuallererst möchte ich meiner Familie und meinen Freunden
meinen tiefsten Dank für ihre unerschütterliche Unterstützung
und Ermutigung aussprechen. Vielen Dank, dass Sie an mich
glauben, mich anfeuern und mich daran erinnern, wie wichtig
es ist, meiner Leidenschaft zu folgen.

Ich bin dem Team von [Verlag] außerordentlich dankbar für
ihren Glauben an dieses Projekt und ihren Einsatz, es zum
Leben zu erwecken. Ihr Fachwissen, ihre Professionalität und
ihr Engagement für Spitzenleistungen haben maßgeblich zur
Entstehung dieses Buches beigetragen.

Ich möchte auch der TikTok-Community meinen Dank
aussprechen, deren grenzenlose Kreativität und Begeisterung
mich bei jedem Schritt inspiriert haben. Vielen Dank an alle
Ersteller, die ihre Erkenntnisse und Erfahrungen geteilt
haben, und an die Zuschauer und Fühlloser, die sich mit
TikTok-Inhalten beschäftigt und eine lebendige und
unterstützende Community gebildet haben.

Ein besonderer Dank geht an die Rezensenten und Beta-Leser, die wertvolles Feedback gegeben und dabei geholfen haben, den Inhalt dieses Buches zu verfeinern. Ihre Erkenntnisse und Vorschläge waren bei der Gestaltung der endgültigen Version von unschätzbarem Wert.

Ich möchte auch den unzähligen Menschen danken, die den Weg in die Welt der sozialen Medien und der Content-Erstellung geebnet haben. Ihre bahnbrechenden Bemühungen haben eine neue Generation von Kreativen inspiriert und zur sich entwickelnden Landschaft des digitalen Ausdrucks beigetragen.

Abschließend möchte ich Ihnen, dem Leser, meine tiefste Wertschätzung aussprechen. Vielen Dank, dass Sie sich für dieses Buch entschieden haben, für Ihr Interesse an TikTok und dafür, dass Sie sich mit mir auf diese Reise begeben. Ich hoffe aufrichtig, dass die auf diesen Seiten geteilten Informationen und Erkenntnisse für Sie wertvoll und bestärkend waren.

Denken Sie daran, TikTok ist eine Plattform, die von Kreativität, Authentizität und Gemeinschaft lebt. Genießen Sie Ihre einzigartige Stimme, teilen Sie Ihre Leidenschaften und lassen Sie Ihrer Kreativität freien Lauf. Lassen Sie uns gemeinsam eine TikTok-Welt schaffen, die Vielfalt, Positivität und die Kraft des Selbstausdrucks feiert.

Danke schön.

Denis Topoljak